Einsterns Schwester

3

Themenheft 2
Richtig schreiben

Herausgegeben von
Roland Bauer, Jutta Maurach

Erarbeitet von
Wiebke Gerstenmaier, Sonja Grimm

Dieses Buch gibt es auch auf
www.scook.de

Es kann dort nach Bestätigung der
Allgemeinen Geschäftsbedingungen
genutzt werden.

Buchcode: gw4dj-zpgdv

Inhaltsverzeichnis

Ich bin Lola und ich helfe dir.

So kannst du mit den Heften arbeiten

Du machst alle
Seiten der Lernportion **1**.

Zuerst im grünen Heft.	Dann im roten Heft.	Dann im gelben Heft.	Und dann im blauen Heft.

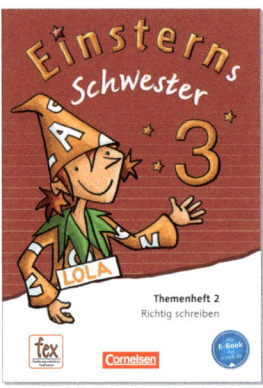

Danach machst du in
allen Heften die Lernportion **2**.

Nun machst du in
allen Heften die Lernportion **3**.

Genauso bearbeitest du
alle anderen Lernportionen.

Wörter in Silben zerlegen

1 Sprich die Wörter deutlich in Silben. Schwinge dazu.

Wörter bestehen aus Silben.
Jede Silbe hat einen Silbenkern:
der Start, der Pilot

Start	Wolken	Luft	Flughafen	Pilot

Scheinwerfer	Flügel	Schalter	Radarschirm	Bodenpersonal

2 Schreibe die Wörter aus **1** mit Silbenbögen
in dein Heft. Markiere die Silbenkerne.

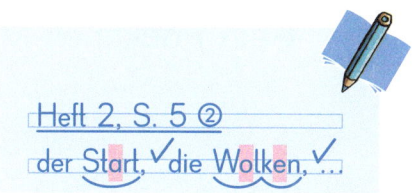

Heft 2, S. 5 ②
der Start, die Wolken, ...

3 Setze die Silben zu Wörtern zusammen.
Schreibe die sechs Wörter mit Silbenbögen auf.

Heft 2, S. 5 ③
die Abflughalle, ...

Ab päck ber der Tank För ge gen hal Hub
ke le laubs flug schrau Ur band wa Wol

4 Tank wa gen

✉ der Boden
erlauben
Europa
fliegen
reisen
der Schalter

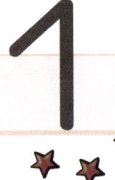

Mit Silben richtig abschreiben

So schreibe ich richtig ab:
- Ich spreche ein Wort oder mehrere Wörter in Silben.
- Ich merke mir schwierige Stellen.
- Ich schreibe die Wörter auswendig auf und spreche dabei in Silben.
- Ich zeichne die Silbenbögen darunter und prüfe das Wort.

1 Schreibe die Wörter der Einkaufsliste mit Silbenbögen in dein Heft. Achte auf schwierige Stellen.

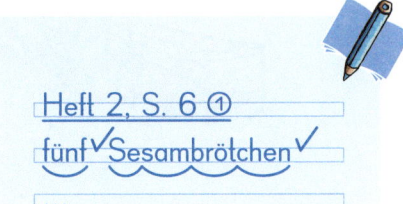

Heft 2, S. 6 ①
fünf✔ Sesambrötchen✔
...

✴ fünf Sesambrötchen ✴ Margarine ✴ Honigkuchen

✴ eine Tüte Äpfel ✴ sieben Bananen

✴ ein Päckchen Milchreis ✴ zwei Flaschen Vollmilch

2 Schreibe den Text als Schleichdiktat. Zeichne zur Kontrolle die Silbenbögen ein.

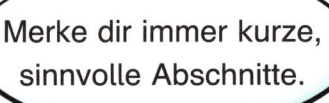

Merke dir immer kurze, sinnvolle Abschnitte.

Heute koche ich Milchreis. |

Dazu stelle ich | einen Topf mit Milch |

auf den Herd | und schalte ihn an. | Ich gebe |

zwei Löffel Zucker dazu. | Wenn die Milch kocht, |

schütte ich | eine Tasse Reis hinein. |

Damit nichts anbrennt, | rühre ich gut um.

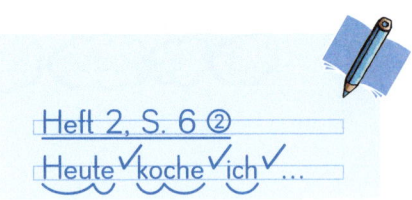

Heft 2, S. 6 ②
Heute✔ koche✔ ich✔ ...

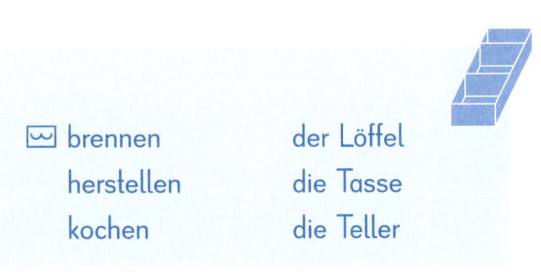

⌣ brennen   der Löffel
   herstellen   die Tasse
   kochen   die Teller

1 Mit Silbenbögen kontrollieren

1 Lies den Zauberspruch. Schreibe die Nomen mit Artikel und Silbenbögen auf.

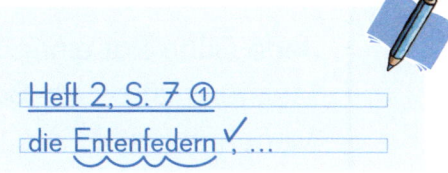

Heft 2, S. 7 ①
die Entenfedern ✓ ...

Zauberspruch

Nimm Entenfedern, Löwenzahn
und einen Löffel Lebertran.
Sprich: „Hunke-munke-mops" dabei
und mische einen dicken Brei.
Schmier dir die Nasenspitze ein,
und stell dich in den Mondenschein.
Und schwebst du nun nicht in die Nacht,
dann hast du etwas falsch gemacht!

Max Kruse

Wenn du etwas in Silben liest und dabei läufst, kannst du es leichter auswendig lernen.

2 Reime die Zaubersprüche weiter.

Lirum Larum Besenstiel …

Räubersäbel, Hasenzahn, Majoran und Parmesan …

3 Lerne die Liste auswendig. Decke sie ab und schreibe sie aus dem Gedächtnis auf. Kontrolliere mit Silbenbögen.

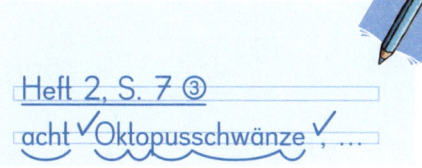

Heft 2, S. 7 ③
acht ✓ Oktopusschwänze ✓ ...

acht Oktopusschwänze
sieben Warzenkröteneier
zwei Tüten rosa Oleanderblüten
fünf Krokodilstränen
eine Tube Schleimpasta
drei Dosen Knochenpulver
Baldrian

Silbenkerne einsetzen

1 Jede Silbe hat einen **Silbenkern**.
Meistens ist es ein **Selbstlaut** (a, e, i, o, u): der Ball, die Nase.
Manchmal ist es ein **Umlaut** (ä, ö, ü): der Bär, die Möwe.
Manchmal ist es ein **Zwielaut** (ei, eu, au, äu): das Haus, die Leute.

2 Schreibe die Nomen mit Artikel auf. Zeichne die
Silbenbögen ein und markiere die Silbenkerne.

Heft 2, S. 8 ②
a) die Rakete, …
b) das Raumschiff, …

a) ★ R★k★t★ ★ Pl★n★t ★ S★nn★ ★
★ T★l★sk★p ★ M★rsm★nnch★n ★

b) ★ Rmschff ★ Strnbld ★ Mnd ★
★ Mlchstrß ★ Wltll ★ nvrsm ★

3 Viele Wörter haben die Endungen **-er**, **-el** oder **-en**.
Schreibe die Wörter mit Silbenbögen auf.
Markiere die Silbenkerne.

Heft 2, S. 8 ③
das Rätsel, …

Räts★   Himm★   Gewitt★   bleib★   Flüg★

flieg★   fang★   Vog★   darüb★

West★   Ost★   Wett★   fall★   Neb★

⌣ besser
gegen
offen
über
unter
wieder

Sprich deutlich
in Silben, dann kannst du
das e besser hören.

1 Wörter schriftlich trennen

1 Manchmal muss ich ein Wort **am Ende einer Zeile** trennen, wenn es nicht mehr hinpasst: Kin-der.
Ich trenne so, wie ich das Wort beim langsamen **Sprechen** in Silben **zerlege.**

2 Sprich die Namen der Kinder in Silben.
Schreibe alle Namen mit Trennstrichen auf.

Heft 2, S. 9 ②
Ar-tur, Ben, ...

Artur, Ben,

Esra, Felix,

Jan, Janosch,

Marie, Marlene,

Max, Melina, Michel, Moritz,

Nina, Özgür, Ramona, Ronja, Teresa, Tobias, Tom, Verena

Einsilbige Wörter
kannst du nicht trennen.

3 Knicke eine Heftseite der Länge nach in der Mitte.
Schreibe nur auf der linken Hälfte.
Trenne die Wörter richtig am Zeilenende.

Heft 2, S. 9 ③
das Hausauf-
gabenheft, ...

| Hausaufgabenheft | Wandertag | Elternsprechtag |

| Schulbeginn | Schülerbücherei | Frühstückspausenbrot |

4 Suche dir ein Partnerkind.

a) Schwingt die Wörter und sprecht dabei.

Heft 2, S. 9 ④
b) der Ku-chen, ...

| Kuchen | Tasche | suchen | Flaschen | lachen |

b) Trennt die Wörter schriftlich. Kontrolliert mit dem Wörterbuch.

c) Vergleicht Schwingen und Schreiben.

Trennungsregeln kennenlernen

1 Schreibe die Wörter mit Trennstrichen auf.
Finde Reimwörter dazu.
Sieh im Wörterbuch nach, wenn du unsicher bist,
wie du die Wörter trennen kannst.

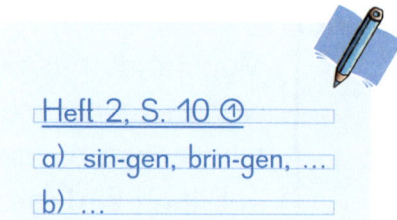
Heft 2, S. 10 ①
a) sin-gen, brin-gen, …
b) …

a) singen ✦ br✶✶✶✶✶ ✦ gel✶✶✶✶✶

b) winken ✦ st✶✶✶✶✶ ✦ bl✶✶✶✶✶ ✦ tr✶✶✶✶✶

c) lenken ✦ sch✶✶✶✶✶ ✦ d✶✶✶✶✶

2 Trenne diese Wörter.

| Butter | Messer | Kanne | Teller | Spaghetti | Brille |

a) Sprich deutlich in Silben.
Mache die doppelten Mitlaute hörbar.
Schreibe die Wörter mit Silbenbögen auf.

Heft 2, S. 10 ② a)
die Butter, …

b) Schlage die Trennung der Wörter
im Wörterbuch nach. Vergleiche.
Schreibe dann einen Merksatz auf.

Heft 2, S. 10 ② b)
Merke: Wörter mit doppeltem Mitlaut …

3 Lies Lolas Tipp.
Schreibe die Namen mit Trennstrichen auf.
Achte darauf, ob du trennen darfst.

Heft 2, S. 10 ③
Alex, …

Alex	Eva	Erkan
Finja	Hanna
Ida	Jakob	Lea
Lena	Malte
Niklas	Oli	Pia

Manche Wörter
darfst du nicht so trennen
wie beim Silbensprechen,
denn ein Buchstabe darf nie
allein stehen:
Alex

Ergänze deine erste Lernraupe.

… Wörter in Silben zerlegen.

… mit Silben richtig abschreiben.

… mit Silbenbögen kontrollieren.

… Silbenkerne einsetzen.

… Wörter schriftlich trennen.

… Trennungsregeln anwenden.

Ich fand gut, dass …

Was hat dir beim Lernen in Lernportion 1 gefallen?

Mir hat nicht so gut gefallen, dass …

1

Ich schreibe ein Wort mit ä oder äu, wenn ich es
von einem verwandten Wort mit a oder au **ableiten** kann.

 das Äffchen der Affe

 die Fäuste die Faust

2 Finde ein verwandtes Wort. Leite ab.

Heft 2, S. 12 ②
die Hände ⚡ die Hand
...

3 Finde verwandte Wörter. Leite ab.

a) Ergänze und schreibe ins Heft.

Heft 2, S. 12 ③ a), b)
das Gärtchen ⚡ der Garten
...

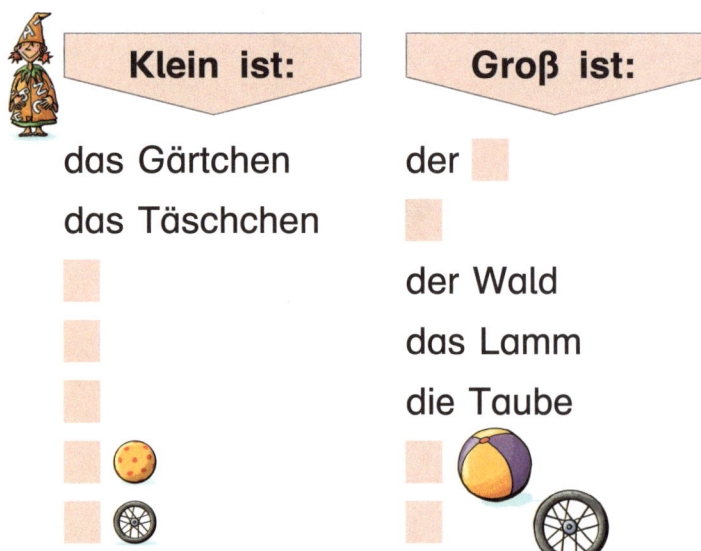

Klein ist:

das Gärtchen
das Täschchen

Groß ist:

der

der Wald
das Lamm
die Taube

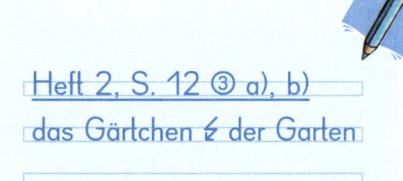

⚡ die Ärzte
die Gärten
die Pässe
die Städte
die Träume
die Wälder

b) Finde mindestens vier eigene Beispiele.

2 Verben mit ä und äu ableiten

Auch für Verben mit **ä** und **äu** findest du verwandte Wörter, von denen du ableiten kannst.

1 Finde das verwandte Verb.
Schreibe das Wortpaar ins Heft. Markiere **ä** und **äu**.

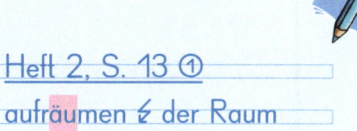

Heft 2, S. 13 ①
aufräumen ⚡ der Raum
...

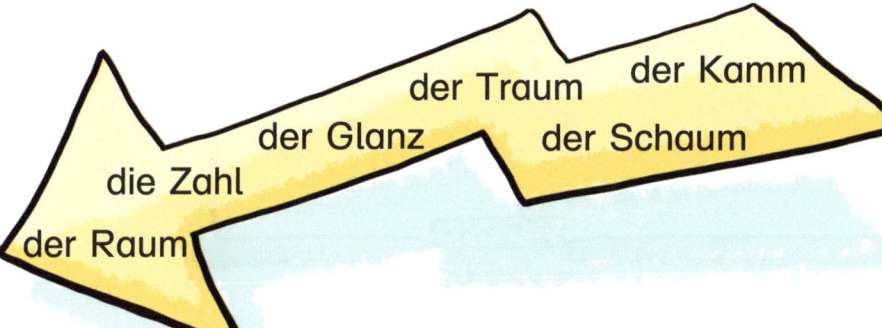

der Traum   der Kamm
der Glanz   der Schaum
die Zahl
der Raum

2 Ergänze die Verben aus **1** in der passenden Form.
Schreibe die Sätze auf.

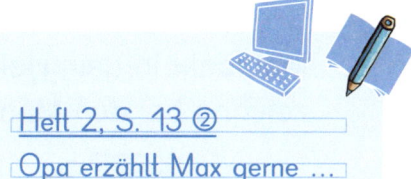

Heft 2, S. 13 ②
Opa erzählt Max gerne ...

Opa ▢ Max gerne von früher.

Maike ▢ jeden Morgen ihre langen Haare.

Tom hat heute freiwillig sein Zimmer ▢.

Viele Menschen ▢ von einer Weltreise.

Das Spülmittel ▢ beim Geschirrspülen.

Der geputzte Sportwagen ▢ in der Sonne.

 **3**

die Zahl

erzählen

⚡ aufräumen
erklären
erzählen
glänzen
lächeln
wählen

1

Manchmal kann ich nicht hören, ob ich ein Wort mit
b oder p, d oder t, g oder k schreiben muss.
Dann verlängere ich das Wort durch Weiterschwingen.
Bei Nomen suche ich die Mehrzahl.

die Bur ? (g oder k?)   Beweis: die Burgen   Lösung: die Burg

Bei Adjektiven setze ich ein Nomen dahinter.
wil ? (d oder t?)   Beweis: das wilde Tier   Lösung: wild

Bei Verben suche ich die Grundform.
sie lie t? (b oder p?)   Beweis: lieben   Lösung: sie liebt

2 Bilde die Mehrzahl der Nomen. Schreibe Einzahl und
Mehrzahl in dein Heft. Markiere die Nachdenkstelle und
zeichne bei den Mehrzahlwörtern die Silbenbögen ein.

Heft 2, S. 14 ②, ③
das Sieb ↪ die Siebe
...

Kin☆
Zel☆
Klei☆
Ban☆
Fahrra☆
As☆
Stif☆
Bur☆
Badeanzu☆
Saf☆
Han☆
Spielzeu☆
Sie☆
Kor☆
Pfer☆

3 Schreibe mindestens drei eigene Beispiele auf.

2 Adjektive und Verben mit b, d und g verlängern

1 Setze **b** oder **p**, **d** oder **t** oder **g** oder **k** ein.

a) Schreibe ab. b) Finde weitere Beispiele.

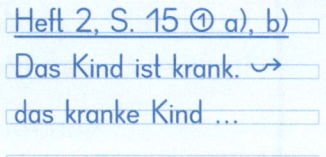

Heft 2, S. 15 ① a), b)
Das Kind ist krank. ↪
das kranke Kind …
…

Das Kind ist kran✱.  – das ▢ Kind

Der Ball ist run✱.  – der ▢ Ball

Der Drachen ist bun✱.  – der ▢ Drachen

Die Blume ist gel✱.  – die ▢ Blume

Der Professor ist klu✱.  – der ▢ Professor

2 In jedem Quartett fehlt eine Karte.
Schreibe die Quartette auf. Ergänze die Grundform.

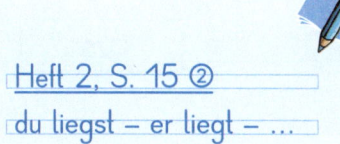

Heft 2, S. 15 ②
du liegst – er liegt – …

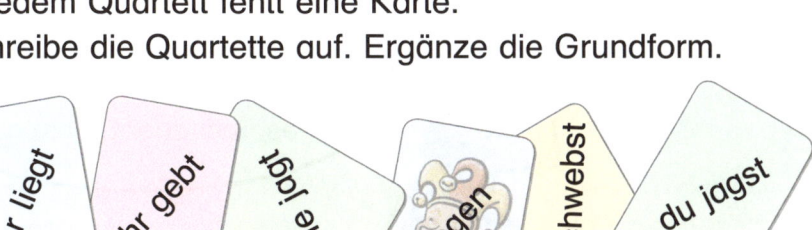

ihr liegt
ihr gebt
sie jagt
liegen
du schwebst
du jagst
es schwebt
er gibt
du gibst
ihr jagt
er liegt
du liegst
ihr schwebt

3

sie tobt
ihr tobt
toben
er hebt
heben

↪ er biegt
er bleibt
er erlebt
klug
rund
er schiebt

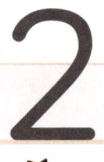

2. Wörter mit doppeltem Mitlaut verlängern

1 Manchmal kann ich einen **doppelten Mitlaut** schlecht hören.
Dann hilft das **Weiterschwingen.** So kann ich den doppelten Mitlaut
in zwei Silben hören.

Nomen:	Adjektiv:	Verb:
Stamm ↬ die Stäm me	dünn ↬ ein dün ner Mann	kommt ↬ kom men

2 Verlängere durch Weiterschwingen.
Kennzeichne den kurzen Selbstlaut.

krumm	trifft	rennt

Kamm	Schritt	glatt	voll

Kuss	schnappt	kläfft

Heft 2, S. 16 ②
krumm ↬ eine krumme Banane
...

Vor einem doppelten Mitlaut steht immer ein kurz gesprochener Selbstlaut.

3 Verlängere durch Weiterschwingen.
Schreibe auf, wie du verlängert hast.

Heft 2, S. 16 ③
Schwimmunterricht ↬ schwimmen
...

Im Schwi✶unterricht hat Niko nicht viel
gelernt. Er hat sich am Bre✶ festgehalten
und weit weg gewünscht. Der Anfang war
du✶ gelaufen. In der ersten Stunde ist Niko
durch das Hallenbad gera✶t, ausgerutscht
und mit dem Knie auf die Fliesen gepra✶t.
Er durfte dann nicht mit ins Wasser und hat so
den Anschlu✶ verpa✶t. Aber jetzt ka✶ er es.
In den letzten Ferien war die Familie am Meer.
Und da ist Niko einfach ins Wasser gesprungen
und losgeschwommen. Dieses Gefühl war to✶.

↬ es beginnt
das Brett
dünn
glatt
der Kamm
sie kennt

2. Verben mit ng und nk verlängern

 ① Würfle und rücke mit deiner Spielfigur
in Pfeilrichtung entsprechend
deiner Augenzahl vor. Bilde
durch Verlängern die Grundform.
Mache **ng** oder **nk** hörbar.

> Bei manchen
> Verbformen kannst du
> **ng** oder **nk** nicht deutlich hören.
> Bilde dann die Grundform:
> sie sprin⭐t – springen
> er den⭐t – denken

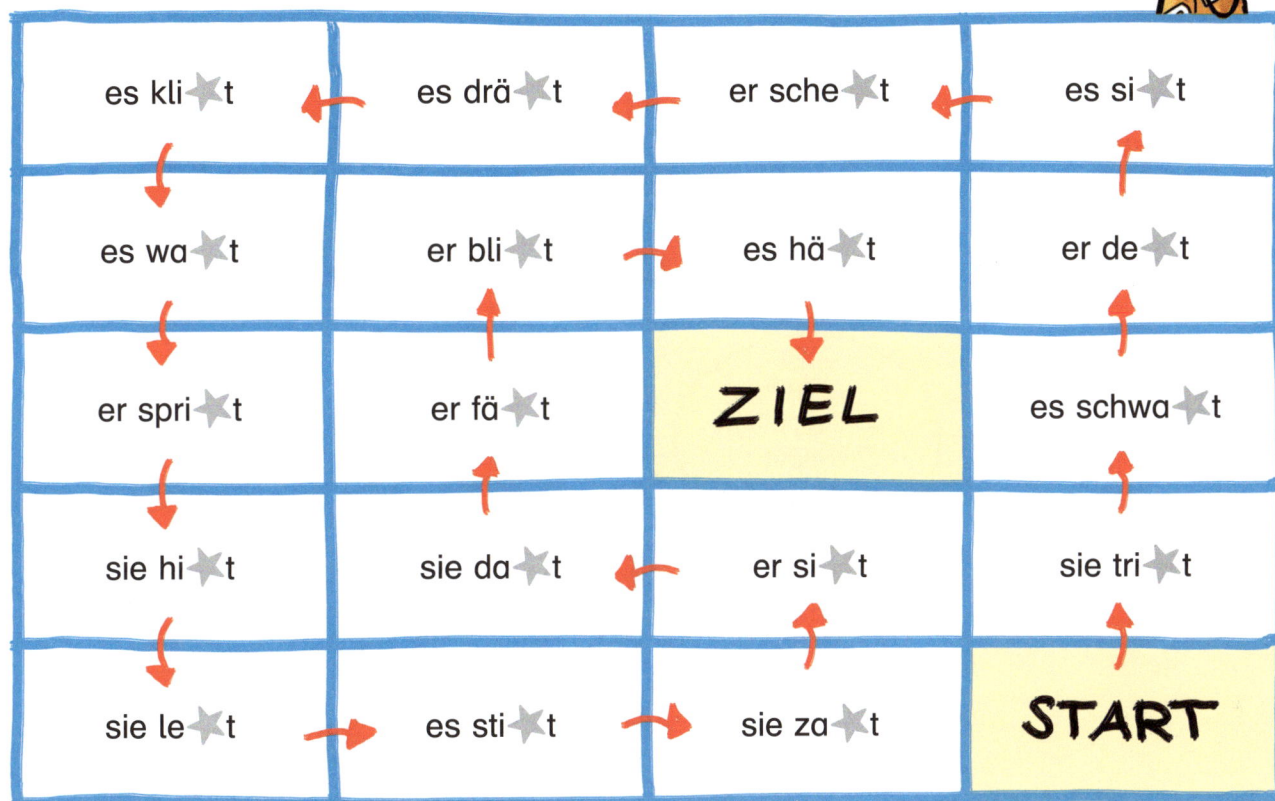

es kli⭐t	es drä⭐t	er sche⭐t	es si⭐t
es wa⭐t	er bli⭐t	es hä⭐t	er de⭐t
er spri⭐t	er fä⭐t	**ZIEL**	es schwa⭐t
sie hi⭐t	sie da⭐t	er si⭐t	sie tri⭐t
sie le⭐t	es sti⭐t	sie za⭐t	**START**

② Bilde mit Hilfe der Verben aus ①
Reimwortketten in der Grundform.

Heft 2, S. 17 ②
danken – schwanken – ...
...

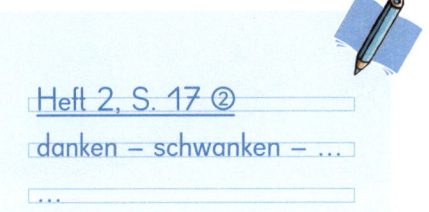

 ③ Suche mit einem Partnerkind in der Wörterliste Wörter,
bei denen ihr deutlich **ng** oder **nk** hören könnt.

Heft 2, S. 17 ③
anfangen, ...
...

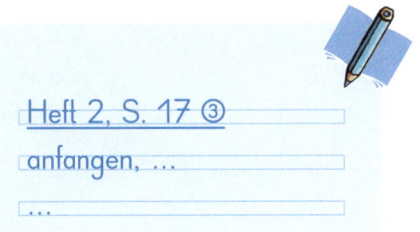

Ergänze deine Lernraupe.

... Nomen mit ä und äu ableiten.

... Verben mit ä und äu ableiten.

... Nomen mit b, d und g verlängern.

... Adjektive und Verben mit b, d und g verlängern.

... Wörter mit doppeltem Mitlaut verlängern.

... Verben mit ng und nk verlängern.

Um konzentriert arbeiten zu können, brauche ich ...

Wie schätzt du dein Lerntempo ein?

Es hilft mir auch, mich auf die Arbeit zu konzentrieren, wenn ...

3 Wörter mit sch, sp und st schreiben

 1 Lies die Wörter. In diesen Wörtern folgen viele Mitlaute aufeinander.

 a) Mache die Mitlaute hörbar, indem du die Wörter deutlich sprichst.

schweigen	Schwester	Matsch	Schranke

schwer   schlau   schnell

rutschen   Schwein   klatschen   Zwetschge

schwarz   waschen   deutsch

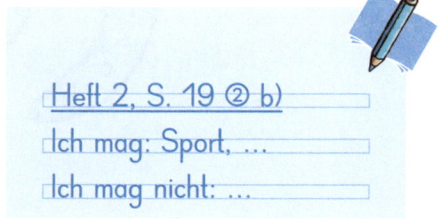

Heft 2, S. 19 ① b)
Nomen: die Schwester, ✓ ...
Verben: schweigen, ✓ ...
Adjektive: ...

b) Ordne die Wörter nach Nomen, Verben und Adjektiven.
Schreibe sie mit Silbenbögen auf.

c) Schreibe drei Verben in den Personalformen
ich ..., du ..., er ... auf.

Heft 2, S. 19 ① c)
ich schweige – du ... ✓

2 Ergänze **Sp**, **sp**, **St** oder **st**.

a) Sprich die Wörter langsam und deutlich.

⭐ort   ⭐enden   ⭐aren   ⭐ielen   ⭐reiten

⭐ehlen   Ge⭐ank   ⭐ucken   ⭐aziergang

⭐inne   ⭐inat   ⭐agetti   ⭐argel   ⭐urm

b) Ordne die Wörter.

😊 Ich mag: ☹ Ich mag nicht:

Heft 2, S. 19 ② b)
Ich mag: Sport, ...
Ich mag nicht: ...

Wir schreiben abwechselnd und ohne zu sprechen ein Wort auf. Ob wir wohl an das gleiche denken?

✉ beschweren
schneiden
schweigen
schwimmen
sparen
streiten

3 Wörter mit qu bilden

1 Schreibe die Wörter mit Silbenbögen in dein Heft.
Die Bilder helfen dir.

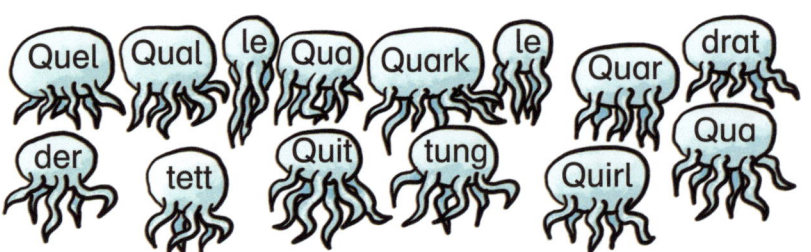

Heft 2, S. 20 ①
die Quelle, ...

  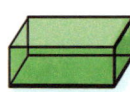    

2 Lies die Wörter und sortiere nach Verben
und Adjektiven.

Heft 2, S. 20 ②
Adjektive: quadratisch ...

Verben: ...

3 Schreibe Unsinnssätze mit
Qu- und **qu**-Wörtern.

Qualmende Quadrate
quietschen qualvoll.

Heft 2, S. 20 ③
...

M bequem   das Quartett
   quälen   die Quelle
   der Qualm   quer

3 Sich Wörter mit langem i merken

1

Wörter mit lang gesprochenem i schreibt man fast immer mit **ie.**
Nur wenige Wörter mit langem i schreibe ich mit **ih.**
Diese kommen aber sehr oft vor:
ihm, ihr, ihn, ihre.

2 Schreibe mindestens zehn Wörter mit **ie** auf.
Du kannst auch in der Wörterliste nachschlagen.

STOPP

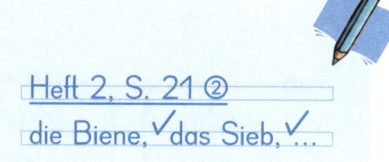
Heft 2, S. 21 ②
die Biene,✓ das Sieb,✓ ...

3 Schreibe den Text ab und setze die Wörter richtig ein.

STOPP

ihrer	ihm	ihn	ihm

ihrem	ihn	ihre

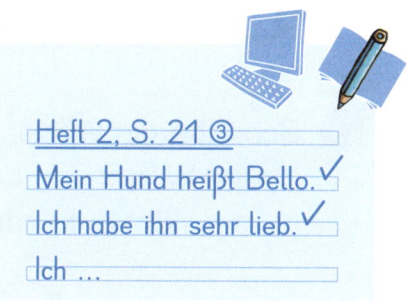
Heft 2, S. 21 ③
Mein Hund heißt Bello.✓
Ich habe ihn sehr lieb.✓
Ich ...

Mein Hund heißt Bello. | Ich habe ⬜ sehr lieb. |
Ich füttere ⬜ | und spiele mit ⬜. |
Nach der Schule | gehe ich mit ⬜ spazieren. |
Meine Freundin hat | drei junge Katzen. |
⬜ Namen sind Minka, | Tinka und Katerle. |
Sie liegen gerne | in ⬜ Körbchen |
und kuscheln | mit ⬜ Mutter.

Wörter mit v-Lauten unterscheiden

1 V wird unterschiedlich gesprochen:
v wie **f**, z. B. viel, bevor   **v** wie **w**, z. B. Klavier, Veranda.
V-Wörter musst du dir merken.

2 Ersetze die Bilder durch die passenden Wörter.
Lies die **V**-Wörter einem Partnerkind vor.

Heft 2, S. 22 ②
viele Kugeln Vanilleeis ✓, ...

| viele Kugeln | eine violette | eine versteckte | eine verrostete |

| eine vollgekleckerte | ein verstimmtes | ein verwaschener |

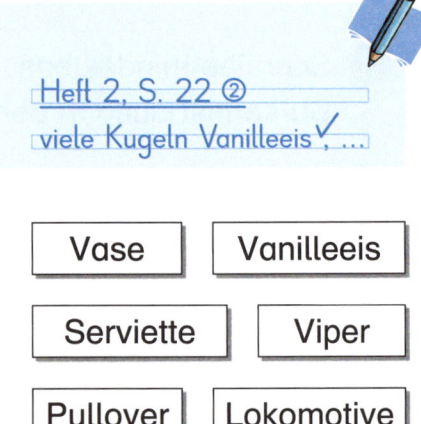

Vase	Vanilleeis
Serviette	Viper
Pullover	Lokomotive
Klavier	

3 Schreibe die Wörter in dein Heft.
blau = Wörter, bei denen das v wie f gesprochen wird
grün = Wörter, bei denen das v wie w gesprochen wird

Heft 2, S. 22 ③
völlig, die Villa ...

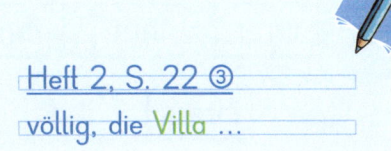

völlig · Villa · Virus · vor · Vogel · voll · vorn · Verb
Lava · bevor · Larve · Vulkan
Viper · Veranda · November · Vetter · bravo
Pulver · Vers · brav

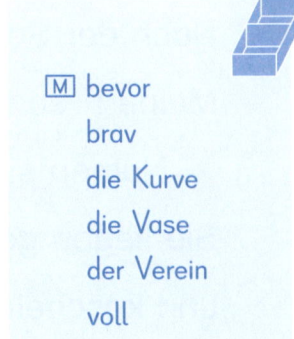

M bevor
brav
die Kurve
die Vase
der Verein
voll

Wörter mit x-Lauten unterscheiden

1

Der x-Laut kann auf verschiedene Weise geschrieben werden:
als **x**: Axt, Nixe   als **chs**: wechseln, Fuchs
als **cks**: Klecks   als **ks**: Keks.
Die Wörter mit x-Laut musst du dir merken.

2 Lies den Text und löse die Aufgaben.

Hexenküche

Hexe Mira mixt einen neuen Zaubertrank.
Für dieses Experiment braucht sie einige
exotische Zutaten: exakt siebenundzwanzig Gräten vom Lachs,
sechs Schuppen einer Eidechse, drei Haare vom Dachs,
einen Milchzahn vom Fuchs, einen Eimer Bienenwachs
und drei Becher Ochsenblut. Ihr Kater kommt
mucksmäuschenstill in die Küche geschlichen,
schnuppert und läuft schnurstracks wieder hinaus.
Obwohl Mira auf dem Gebiet der Mixturen
als Expertin gilt, schaut sie lieber noch einmal
in ihrem Zauberlexikon nach, damit der Trank nicht explodiert.

Heft 2, S. 23 ②
a) der Lachs, …
b) …

a) Schreibe alle vier Tiere mit **chs** auf.

b) Schreibe das Zahlwort mit **chs** auf.

c) Schreibe mindestens acht Wörter mit **x** auf.

d) Finde im Text ein anderes Wort für **genau**.

e) Finde im Text ein anderes Wort für **ganz leise**.

f) Finde ein weiteres Wort mit **cks**.

g) Schreibe das Gegenteil von **rechts** auf.

M boxen
explodieren
extra
links
verwechseln
wachsen

Ergänze deine Lernraupe.

… Wörter
mit sch, sp und st
schreiben.

… Wörter
mit qu bilden.

… Wörter
mit v-Lauten
unterscheiden.

… Wörter
mit langem i
schreiben.

… Wörter
mit x-Lauten
unterscheiden.

Wie hast du
mit anderen Kindern
zusammen-
gearbeitet?

Es war toll, mit
_____ zusammen-
zuarbeiten, weil …

Mit einem
Partnerkind komme ich
gut voran, wenn …

4 Kurze und lange Selbstlaute unterscheiden

1 Nach einem **kurzen Selbstlaut** (a, e, i, o, u) folgen meistens **zwei oder mehr Mitlaute:**
- verschiedene Mitlaute: der Saft, winzig oder
- zwei gleiche Mitlaute: der Himmel, nass.

Nach einem **langen Selbstlaut** folgt meist nur **ein Mitlaut:**
die Rose, das Gras.

2 Schreibe die Wörter ab und kennzeichne den kurzen Selbstlaut mit einem Punkt. Markiere die folgenden Mitlaute.

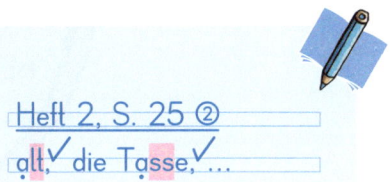
Heft 2, S. 25 ②
alt,✓ die Tasse,✓ ...

| alt | Tasse | satt | krank | nett | wild |

| Saft | Kind | Kanne | Welt | Ente |

3 Sprich die Wörter deutlich.
Schreibe alle Wörter mit einem langen Selbstlaut auf.
Kennzeichne den langen Selbstlaut mit einem Strich.

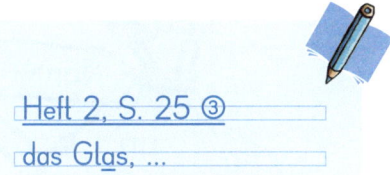
Heft 2, S. 25 ③
das Glas, ...

4 Kurzes i̇ oder langes ie?
Ergänze und schreibe
die Wörter in dein Heft.

Ein **lang gesprochenes i** wird fast immer **ie** geschrieben!

Heft 2, S. 25 ④
der Finger, lieb, ...

F☆nger   l☆b   s☆ngen

D☆b   w☆ld   rad☆ren

B☆ld   verl☆ren   st☆ll

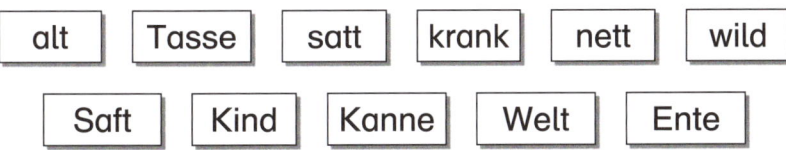

4 Wörter mit doppelten Mitlauten zuordnen

1 Sortiere die Wörter. Markiere den doppelten Mitlaut. Kennzeichne den kurzen Selbstlaut davor mit einem Punkt. Zeichne Silbenbögen.

Nach einem kurzen Selbstlaut stehen oft zwei gleiche Mitlaute.

Ho✦y Ba✦
kri✦eln Kra✦e
we✦en do✦elt
tre✦en Ka✦e
Ro✦e Kape✦e Gira✦e
bi✦ig Tre✦e bre✦en
Bü✦el Gewi✦er
Pu✦e

Heft 2, S. 26 ①
bb: das Hobby, …
ff: …
ll: der Ball, …
nn: …
pp: …
tt: …

2 Finde zu den Silbenbögen mit doppeltem Mitlaut passende Wörter. Nutze die Wörterliste oder ein Wörterbuch.

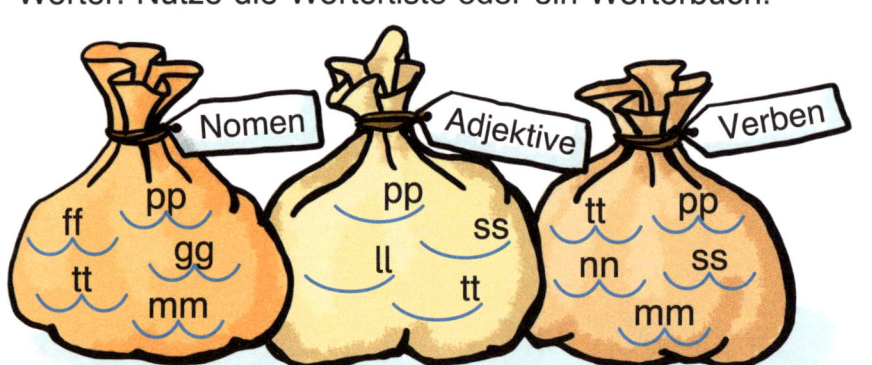

Nomen — ff pp gg tt mm

Adjektive — pp ll ss tt

Verben — tt pp nn ss mm

Heft 2, S. 26 ②
Nomen: Koffer, …
Adjektive: schlapp, …
Verben: wetten, …

3 Überlege dir zu den Nomen in den Wörterschlangen Reimwörter. Kennzeichne den kurzen Selbstlaut. Zeichne Silbenbögen.

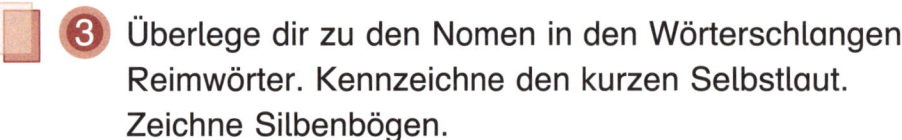

FÄLLEKUMMERHAMMERBUTTER

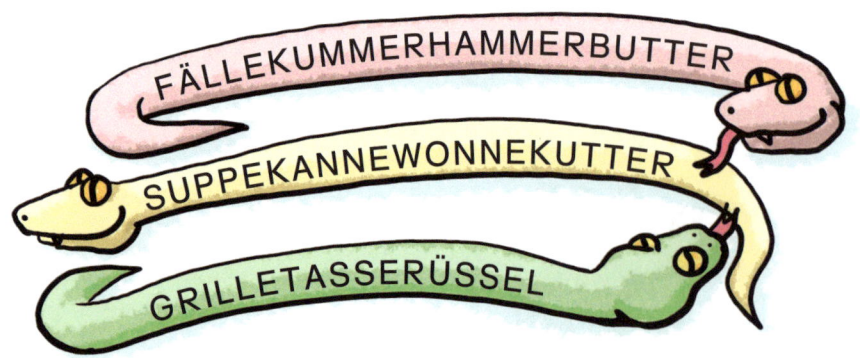

SUPPEKANNEWONNEKUTTER

GRILLETASSERÜSSEL

Heft 2, S. 26 ③
Fälle – Bälle
…

✉ die Brille   die Nummer
fressen   sammeln
gewinnen   der Schatten

4 Wörter mit doppelten Mitlauten erkennen

1 Sprich die Wörter in Silben. Trenne deutlich zwischen den doppelten Mitlauten, sodass du beide Mitlaute hören kannst.

| Wetter | Lappen | Teller | Messer | Löffel |

| essen | lassen | Matte | wollen |

2 Verlängere die einsilbigen Wörter durch Weiterschwingen.

| still | Bett | er nennt |

| er muss | er will | Schloss |

| es brennt | schnell | hell |

Heft 2, S. 27 ②
still ↪ eine stille Nacht,
...

Am Wortende hörst du
den doppelten Mitlaut nur als einen Laut.
Mache ihn durch Weiterschwingen hörbar:
das Bett – die Betten

3 Sprich die Wörter deutlich in Silben. Achte dabei auf den doppelten Mitlaut. Schreibe die sechs Wörter mit einem kurzen Selbstlaut auf. Kontrolliere.

Heft 2, S. 27 ③
die Brille, ...

↪ das Bett
dumm
fett
der Fluss
glatt
der Stamm

① **Nach einem kurzen Selbstlaut** steht nicht kk, sondern **ck**:
der Wecker, backen, dreckig.

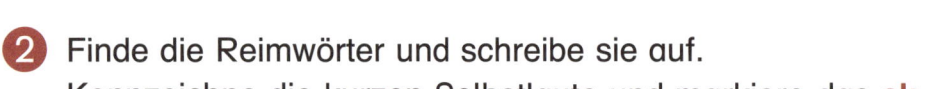

② Finde die Reimwörter und schreibe sie auf.
Kennzeichne die kurzen Selbstlaute und markiere das **ck**.

Heft 2, S. 28 ②
backen – hacken – ...

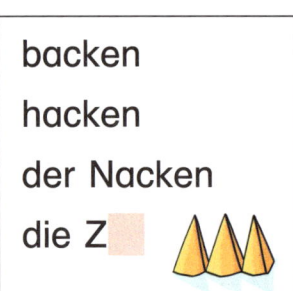

backen
hacken
der Nacken
die Z⬜

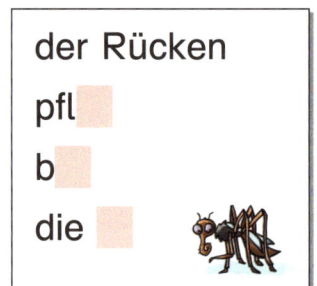

der Rücken
pfl⬜
b⬜
die ⬜

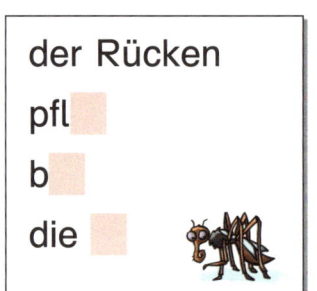

die Hecke
die Z⬜
die ⬜

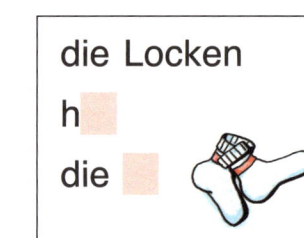

die Locken
h⬜
die ⬜

③ Bilde mindestens zehn Wörter mit **eck** und
schreibe sie auf. Kennzeichne den kurzen Selbstlaut
mit einem Punkt.

Heft 2, S. 28 ③
die Hecke, schlecken, ...

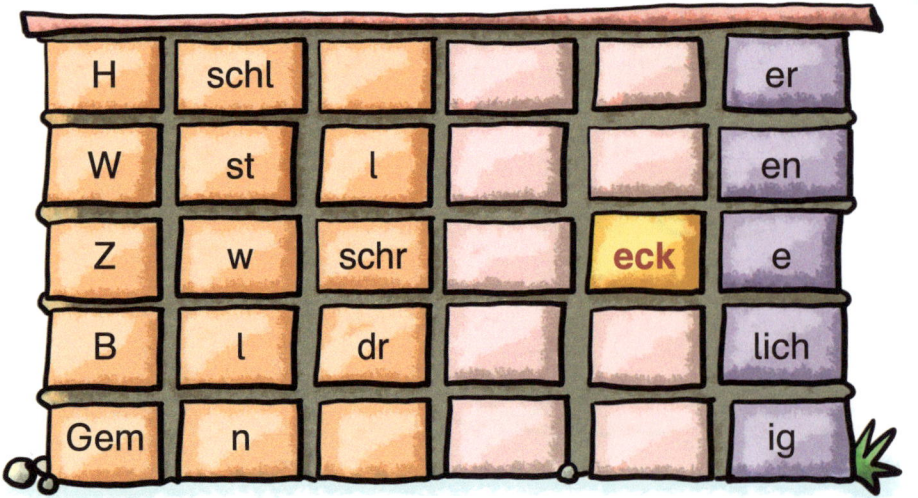

H	schl				er
W	st	l			en
Z	w	schr		eck	e
B	l	dr			lich
Gem	n				ig

dick
drücken
erschrecken
das Glück
packen
das Stück

4 Wörter mit tz üben

1

Nach einem kurzen Selbstlaut steht nicht zz, sondern **tz**: die Kạtze.
Am Wortende kann ich das tz nur durch Verlängern hörbar machen:
der Blitz ↝ die Blit-ze.

2 Würfle und wähle eine der beiden Aufgaben.
Löse so mindestens vier Aufgaben.

Heft 2, S. 29 ②
⊡ pẹtzen, …
oder
⊡ die Nẹtze, …

Netz ✿ Mütze ✿ Tatze ✿ Pfütze ✿ Sitz ✿ Spitze ✿
petzen ✿ Latz ✿ putzen ✿ Witz ✿ sitzen ✿
schützen ✿ trotzig ✿ stützen ✿ Lakritze ✿ setzen ✿
Katze ✿ Verletzung ✿ hetzen ✿ spitz ✿ kratzig ✿
Platz ✿ Schatz ✿ kratzen ✿ witzig ✿ Blitz ✿ ritzen

⚀ Schreibe alle Verben mit **tz** auf. Markiere den kurzen Selbstlaut.

⚁ Schreibe alle Nomen mit **tz** auf. Markiere den kurzen Selbstlaut.

⚂ Schreibe alle einsilbigen Wörter heraus.

⚃ Ordne alle Nomen nach dem Alphabet.

⚄ Schreibe fünf Reimwortpaare mit **tz** auf.

⚅ Schreibe aus dem Gedächtnis möglichst viele **tz**-Wörter auf.

⚀ Verlängere durch Weiterschwingen alle Wörter, die auf **tz** enden.

⚁ Schreibe einen Unsinnssatz mit möglichst vielen **tz**-Wörtern.

⚂ Schreibe zehn **tz**-Wörter auf. Gestalte das **tz** besonders
(groß, winzig, bunt, verschnörkelt …).

⚃ Schreibe ein kurzes **tz**-Gedicht.

⚄ Male ein Bild, auf dem viele **tz**-Wörter zu sehen sind.

⚅ Schreibe alle Adjektive mit **tz** auf. Markiere den kurzen Selbstlaut.

↪ der Blitz
das Gesetz
der Platz
der Satz
der Schatz
spitz

4 Wörter mit doppeltem Mitlaut, tz oder ck trennen

1 Wörter mit einem **doppelten Mitlaut** trenne ich wie beim Silbensprechen **zwischen den doppelten Mitlauten:** Pup-pe, mes-sen.
Wörter mit **tz** trenne ich zwischen **t** und **z:** blit-zen, put-zen.
Aber: Wörter mit **ck** trenne ich nach dem kurzen Selbstlaut.
c und k bleiben immer zusammen: we-cken, Ja-cke.

2 Schreibe die Wörter mit Silben-Trennstrichen auf.

a)

b)

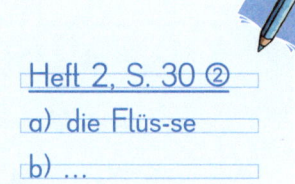
Heft 2, S. 30 ②
a) die Flüs-se
b) ...

c)

d)

e)

f)

3 Schreibe die Nomen mit Artikel und Trennstrichen auf.

ma
trat ze
Luft

ze
tat Kat
zen

ding
sel Pud
schüs

cker
cke Zu
schne

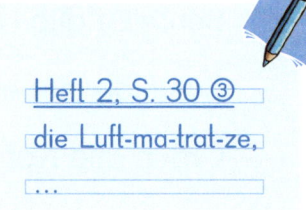
Heft 2, S. 30 ③
die Luft-ma-trat-ze,
...

4 Maries Mutter braucht viele Dinge.
Schreibe eine Einkaufsliste mit Trennstrichen ins Heft.

Heft 2, S. 30 ④
Lo-cken-stab ✓
zwei ...

Schätzchen,
ich bräuchte dringend
einen Lockenstab, zwei Wickelröcke,
eine dicke Mütze, etwas Lakritze und Haferflocken
für die Grütze – ach ja, das Dackelfutter ist auch aus –
und bring doch bitte noch Wackelpudding
und drei Schneckennudeln mit!

4 Doppelte Mitlaute in einem Schleichdiktat üben

So schreibe ich ein Schleichdiktat:
1. Ich lese den Text in Ruhe durch und lege ihn an einen weit entfernten Platz.
2. Ich merke mir einen Abschnitt bis zum Trennstrich
   und schleiche zu meinem Platz.
3. Ich schreibe den Abschnitt auf.
   Ich lasse dabei über jeder Zeile eine Zeile frei.
4. Ich schleiche wieder zum Text und merke mir
   den nächsten Abschnitt, bis ich den Text geschrieben habe.
5. Ich hole den Text und kontrolliere Wort für Wort.
6. Ich streiche ein falsches Wort durch
   und schreibe das richtige Wort darüber.

1 Schreibe ein Schleichdiktat nach Lolas Anleitung.
Setze dabei **ll**, **mm**, **ss**, **tz** oder **ck** in die Lücken ein.
Decke die Lösung unten ab.

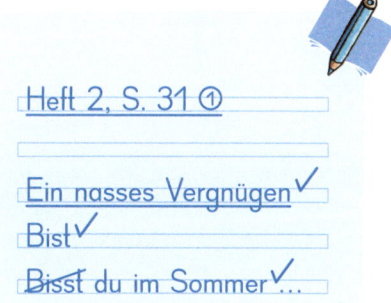

Heft 2, S. 31 ①

Ein nasses Vergnügen ✓
Bist ✓
Bisst du im Sommer ✓ …

Ein na✷es Vergnügen |

Bist du im So✷er | stark erhi✷t, |

macht eine Wa✷erschlacht |

riesigen Spaß. | Besonders wi✷ig ist es, |

kleine Luftba✷ons | mit Wa✷er zu fü✷en. |

Mit den Wa✷erbomben | werden besti✷t | a✷e Kinder na✷. |

Zerpla✷t ein buntes Gu✷igescho✷ | auf dem Asphalt, |

spri✷t es | bis in die hinterste E✷e. |

Fli✷t man nicht | schne✷ genug davon |

oder findet kein sicheres Verste✷, |

bleibt besti✷t | kein Kleidungsstü✷ tro✷en.

Lösung:

Ein nasses Vergnügen

Bist du im Sommer stark erhitzt, macht eine Wasserschlacht riesigen Spaß.
Besonders witzig ist es, kleine Luftballons mit Wasser zu füllen. Mit den Wasserbomben werden
bestimmt alle Kinder nass. Zerplatzt ein buntes Gummigeschoss auf dem Asphalt, spritzt es
bis in die hinterste Ecke. Flitzt man nicht schnell genug davon oder findet kein sicheres Versteck,
bleibt bestimmt kein Kleidungsstück trocken.

Ergänze deine Lernraupe.

… Wörter mit ck schreiben.

… Wörter mit tz schreiben.

… Wörter mit doppeltem Mitlaut, tz oder ck trennen.

… kurze und lange Selbstlaute unterscheiden.

… Wörter mit doppelten Mitlauten erkennen.

Ich schreibe besser, wenn …

Wie sorgfältig hast du gearbeitet?

Ich kann super schreiben, wenn …

5 Das Alphabet wiederholen

1 Schreibe die Buchstaben mit ihrem Vorgänger und Nachfolger auf.

★I★   ★O★   ★U★   ★E★   ★B★

Heft 2, S. 33 ①
H I J, ...

2 Lies die Wörter.

> Berg ✸ anfangs ✸ Punkt ✸ Kreis ✸ Erde ✸ Zeit ✸
> Dorf ✸ Garten ✸ endlich ✸ Feuer ✸ Licht ✸
> immer ✸ Idee ✸ Musik ✸ Uhr ✸ Traum ✸ Ort ✸
> oben ✸ Schluss ✸ unten ✸ Hase ✸ Jacke ✸ Netz

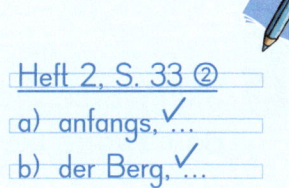
Heft 2, S. 33 ②
a) anfangs, ✓...
b) der Berg, ✓...

a) Schreibe alle Wörter auf, die mit einem Selbstlaut beginnen.

b) Schreibe alle Nomen nach dem Alphabet geordnet auf.

3 Ordne diese Wörter nach dem Alphabet.

a) alt, arm, albern, ängstlich

b) braun, böse, blass, blind

c) trinken, tanken, denken, danken, schenken, lenken

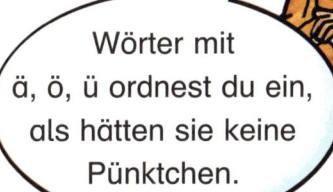
Wörter mit ä, ö, ü ordnest du ein, als hätten sie keine Pünktchen.

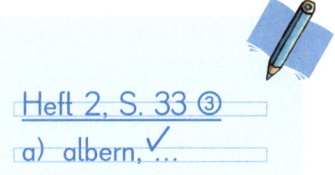
Heft 2, S. 33 ③
a) albern, ✓...

4

A, B, C ...   Stopp!

das Hobby
der Keks
die Nixe
plötzlich
trotzdem
vorher

5 Wörter im Wörterbuch finden

1 Im Wörterbuch stehen die Wörter nach dem Alphabet geordnet.
Zuerst steht **fett gedruckt** das **Leitwort,** dahinter stehen
manchmal noch Nebenstichwörter:
falsch, fälschen, der Fälscher, die Fälschung.

2 Sieh dir die Wörterbuchseite an.
Beantworte die Fragen in ganzen Sätzen.

Heft 2, S. 34 ②
a) Fett gedruckt sind …
b) Hinter jedem Nomen steht …
c) Bei jedem Verb steht …
d) Die Pfeile bedeuten, dass …
e) …

Fa

F f

A B C D E **F** G H I J K L M N O P Q R S T U V W X Y Z

Leitwort — die **Fa|bel,** die Fabeln
die **Fa|brik,** die Fabriken,
der Fabrikant
das **Fach,** die Fächer,
Verweis auf ein weiteres — der Fachmann (➜ Mann),
Wort im Wörterbuch — das Fachwerk (➜ Werk)
die **Fa|ckel,** die Fackeln
fad, fade
Silbentrennung — der **Fa|den,** die Fäden,
einfädeln
Nebenstichwort — **fä|hig,** die Fähigkeit
fahn|den, sie fahndete,
die Fahndung
die **Fah|ne,** die Fahnen
Personalform — **fah|ren,** sie fährt,
sie fuhr, die Fahrt, der
Fahrer, die Fahrkarte,
die Fähre, das Fahrzeug
S. 227
Mehrzahl — das **Fahr|rad,** die Fahrräder
S. 211
fair, unfair
Vergangenheitsform — **fal|len,** du fällst, sie fiel,
auf jeden Fall S. 227
fäl|len, er fällte S. 227
fäl|lig S. 227
falsch, fälschen, der
Fälscher, die Fälschung
die **Fal|te,** die Falten, falten
Artikel — der **Fal|ter,** die Falter
die **Fa|mi|lie,** die Familien

115

a) Was ist immer fett
gedruckt?

b) Was steht hinter
jedem Nomen?

c) Was steht bei jedem
Verb dabei?

d) Was bedeuten die Pfeile?

e) Schreibe das Wort
mit den meisten Neben-
stichwörtern auf.

f) Schreibe drei Nomen
mit der Mehrzahlform auf.

5 Mehrzahlformen im Wörterbuch finden

1 Wenn ein Nomen in der Mehrzahl steht, muss ich zuerst die Einzahl bilden, um das Wort im Wörterbuch zu finden: Mäuse finde ich unter Maus.

2 Finde zu jedem Mehrzahlwort das Einzahlwort. Suche das Einzahlwort im Wörterbuch und schreibe es mit Artikel auf.

Heft 2, S. 35 ②
die Tücher → das Tuch ✓
...

| Tücher | Kämme | Wörter | Eier |

| Fahrten | Blüten | Gärten | Wälder |

| Bücher | Fahrräder | Tränen | Schwestern |

3 Bilde das Einzahlwort und ordne es den Buchseiten zu.

Heft 2, S. 35 ③
Flüsse → Fluss: S. 1
...

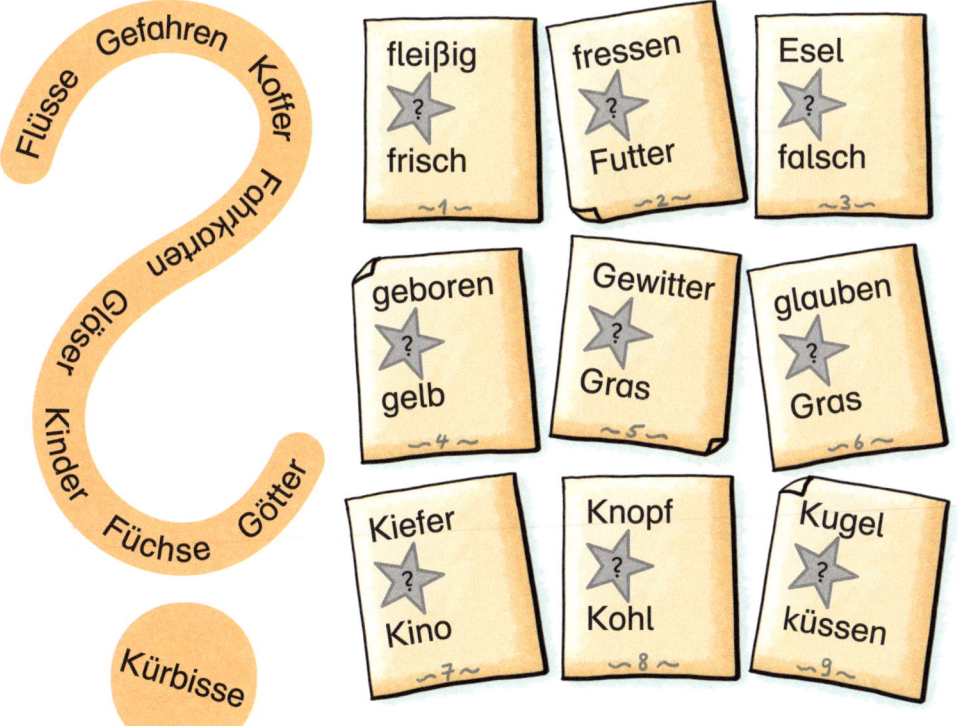

der Gott   die Götter
der Krieg   die Kriege
das Land   die Länder
das Schloss   die Schlösser
der Stoff   die Stoffe
der Wind   die Winde

5 Verbformen im Wörterbuch finden

1 Verschiedene Verbformen finde ich im Wörterbuch immer bei der Grundform:
er isst steht bei essen und
er rannte steht bei rennen.

2 Suche die Vergangenheitsform der Verben im Wörterbuch.

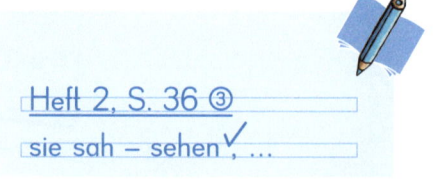

Heft 2, S. 36 ②
fangen – er fing ✓, ...

fangen
zanken
vergessen
werfen
nehmen
bitten
waschen
flattern
wissen
machen
fliegen
helfen

Die Vergangenheitsform eines Verbs steht auch bei der Grundform.

3 Suche die Grundform der Verben im Wörterbuch.

sie sah	gefroren	er schnitt	er aß

es brannte	sie erschrak	gesessen

Heft 2, S. 36 ③
sie sah – sehen ✓, ...

essen	aß
messen	maß
vergessen	vergaß

5 Zusammengesetzte Nomen nachschlagen

1

Zusammengesetzte Wörter zerlege ich in ihre Bestandteile und schlage diese Wörter einzeln im Wörterbuch nach:
Waldarbeiter: der Wald + arbeiten.

2 Zerlege die acht zusammengesetzten Nomen in Einzelwörter. Überprüfe die einzelnen Wörter mit dem Wörterbuch und schreibe sie richtig auf.

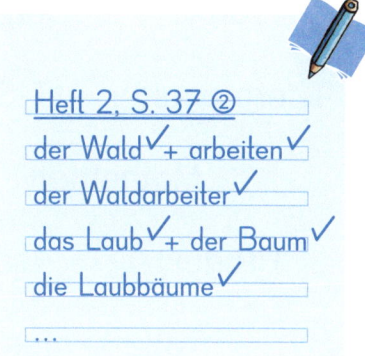

Heft 2, S. 37 ②
der Wald ✓ + arbeiten ✓
der Waldarbeiter ✓
das Laub ✓ + der Baum ✓
die Laubbäume ✓
...

Herr Maier ist Förster. Zusammen mit einem Waltarbeiter schaut er, welche Laubbeume gefällt werden müssen. Auf einem alten Baum nistet ein Buntschpecht. Der Baum darf deshalb noch stehen bleiben. Auch die Informatzionsschilder am Naturlehrpfat müssen neu befestigt werden. Als er die Futtergrippe auffüllt, kommen zwei Wiltschweine und ein Rehkiz.

3 Bilde mit einem Partnerkind Wörterketten.

Treppenhaus

Haustür

Türschloss

1 Verfolge die Linien mit dem Finger und schreibe die Wörter geordnet nach ihrer Herkunft auf. Schreibe bei Nomen die Artikel dazu. Kontrolliere mit dem Wörterbuch.

Heft 2, S. 38 ①
GB: die Jeans,✓ das T-Shirt,✓ ...
F: das Baguette,✓ ...
...

GB	F	GR	I

Jeans   Baguette   Lexikon   Pianist

Thermometer   T-Shirt   Café   präparieren

Mathematik   Sport   Bonbon

Produkt   cool   Psychologe   Saison

Rollerskates   Verb   Champignon

Symbol   Test   Explosion   Picknick

2 Suche das Fremdwort mit derselben Bedeutung im Wörterbuch.

Heft 2, S. 38 ②
die Innenstadt✓ = ...
...

Innenstadt = Ci✶✶

kräftig rosa = p✶✶✶

Versuch = Ex✶✶✶✶✶✶✶✶✶

gesundheitlich in Form = ✶✶✶

Die Römer in Italien sprachen früher Latein. Viele unserer Wörter kommen aus dieser Sprache.

3 Suche das Fremdwort und dessen Bedeutung im Wörterbuch. Erkläre die Bedeutung mit eigenen Worten.

Heft 2, S. 38 ③
Spaghetti sind ... ✓
...

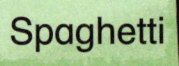
Spaghetti   Thermometer   Portmonee

5 Wörter nachschlagen und Texte verbessern

1 Schlage die markierten Wörter im Wörterbuch nach und schreibe sie richtig auf.

 STOPP

Heft 2, S. 39 ①
der Hit, ✓...

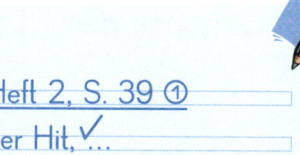

Das Schulfest am letzten Samstag war der <u>Hitt</u>. Bei <u>stralendem</u> Sonnenschein waren mehr als dreihundert Leute gekommen, um gemeinsam das <u>Jubileum</u> der Erich-Kästner-Grundschule zu feiern. Vor genau fünfzig Jahren wurden hier <u>nähmlich</u> die ersten Erstklässler eingeschult. Die Klassen hatten <u>Abwechslungsreiche</u> Vorführungen, lustige Spiele, verschiedene <u>Bastelstazionen</u> und viele leckere <u>Schpezialitäten</u> aus allen Ländern vorbereitet. Das ganze Schulgebäude war überall liebevoll dekoriert. Der Höhepunkt des Tages war aber die <u>Klassenolimpyade</u>.

Alle Schüler trafen sich zu einem <u>fähren</u> Wettkampf im Torwandschießen, Froschweitsprung und Drachenlauf. Bei dieser <u>Distziplin</u> gelang es der Klasse 4b unter den Anfeuerungsrufen der Fans die <u>Koncurrenz</u> hinter sich zu lassen. Bei der Gesamtwertung erzielte jedoch die Klasse 3a das beste Ergebnis und durfte den <u>Pockal</u> in Empfang nehmen. Danach halfen alle Eltern, Schüler und Lehrer tatkräftig beim Aufräumen, sodass sogar unser Hausmeister mit dem Ablauf des Festes sehr zufrieden war.

Das Rechtschreibprogramm des Computers zeigt an, dass einige Wörter falsch geschrieben sind.

Ergänze deine Lernraupe.

… das Alphabet aufsagen.

… Wörter im Wörterbuch finden.

… Mehrzahlformen im Wörterbuch finden.

… Verbformen im Wörterbuch finden.

… zusammengesetzte Nomen nachschlagen.

… Fremdwörter erklären.

… Wörter nachschlagen und Texte verbessern.

Mein Test hat mir gezeigt, dass …

Wie schätzt du deinen Lernerfolg ein?

Nach dem Test wusste ich …

6 Wörter mit doppelten Selbstlauten üben

1 Schreibe die Nomen mit Artikel auf.

Heft 2, S. 41 ①
die Idee, …

2 Schreibe die Wörter auf.

dCCf   Erdb☆☆re   MCCr   W❀❀ge

p❀❀r   M☆☆r   ZCC   l☆☆r   St❀❀t

T☆☆r   ❀❀l   MCCs   Kl☆☆   BCCt

Heft 2, S. 41 ②
doof, …

3 Ergänze die Reimwörter und schreibe
den ganzen Satz ins Heft.
Unterstreiche die Reimwörter des Satzes in
derselben Farbe.

Heft 2, S. 41 ③
a) Die Ameisenarmee
marschiert durch die Allee. ✓
b) …

a) Die **Ameisenarmee** marschiert durch die .

b) Der Zwerg verspeist **Gelee** am .

c) Im **Mäusehaar**, da sitzt ganz frech ein .

d) Die **Fee** trinkt heute mal statt einen .

4

Kaffee?
afKeef

M die Beere
doof
der Kaffee
paar
das Paar
der See

1

Nur wenige Wörter mit lang gesprochenem **i** schreibe ich mit **i**.
Diese Wörter muss ich mir merken: das Kino, wir, mir, dir ...

2 Schreibe den Text ab.
Unterstreiche die Wörter mit langem **i**.

Heft 2, S. 42 ②
Auf Carlas Einkaufszettel ✓ ...

Auf Carlas Einkaufszettel | stehen folgende
Artikel: | Mandarinen, | drei Liter Orangensaft, |
zweihundert Gramm Rosinen, | ein Brot | und ein Kilogramm
Apfelsinen. | Für Papas Kusine Eva | packt Carla | noch eine
Schachtel Pralinen ein. | Für sich kauft Carla | ein neues Lineal.

3 Sortiere die Wörter nach ihrer Silbenanzahl.
Markiere in jeder Silbe den Silbenkern.
Zeichne Silbenbögen.

Heft 2, S. 42 ③
eine Silbe: ...
zwei Silben: das Kino, ...
drei Silben: ...
vier Silben: ...

Kino ✳ mir ✳ prima ✳ Gardine ✳ Klinik ✳
lila ✳ Lawine ✳ Maschine ✳ Linie ✳ wir ✳
minus ✳ Medizin ✳ Clementine ✳ Kabine

4 Schreibe die acht Nomen mit Artikel und
Silbenbögen auf. Schlage die Mehrzahl im
Wörterbuch nach und bilde einen Satz.

Heft 2, S. 42 ④
die Olive – Ich esse gern Oliven.
...

DETEKTIVVIRUSVITAMINVIPER
OLIVEVIDEOVAMPIRVIOLINE

Die Wörter
der Wörterschlange sind
„doppelte Merkwörter". Man schreibt
sie mit V und gleichzeitig
mit langem i.

M das Kilogramm   die Maschine
die Medizin   der Tiger
die Linie   prima

1 Ordne jeder Wortfamilie ein Nomen, ein Verb und ein Adjektiv zu. Markiere das unhörbare **h** und den Selbstlaut davor.

Heft 2, S. 43 ①
fühlen: das Gefühl, ...
...

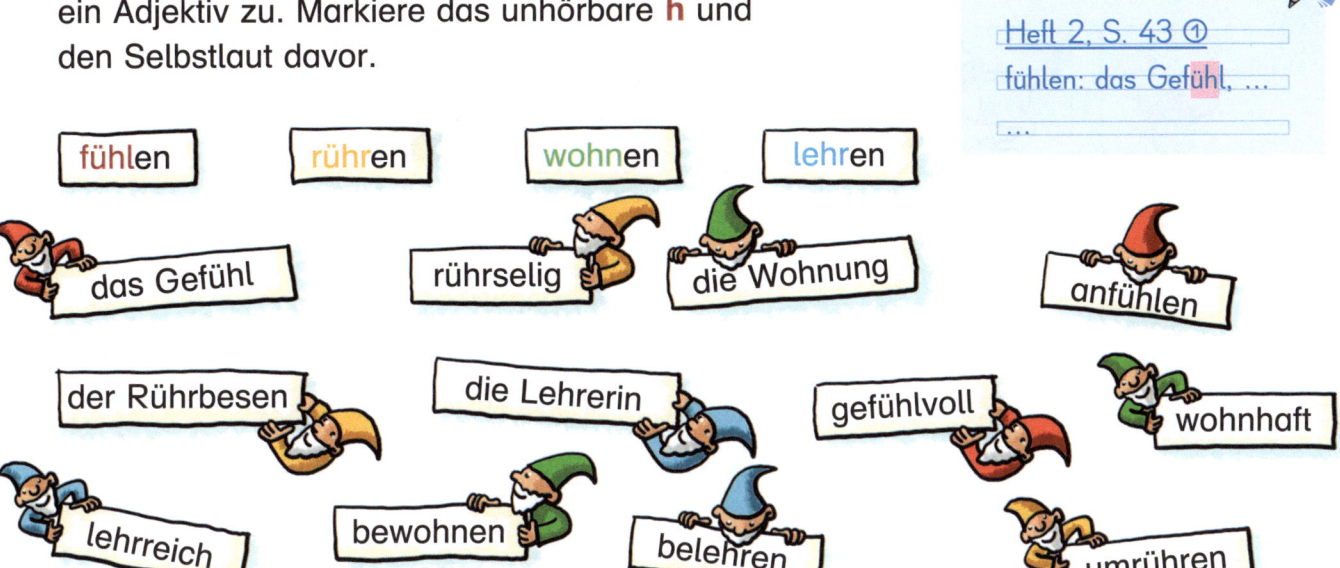

| fühlen | rühren | wohnen | lehren |

das Gefühl · rührselig · die Wohnung · anfühlen · der Rührbesen · die Lehrerin · gefühlvoll · wohnhaft · lehrreich · bewohnen · belehren · umrühren

2 Suche zu den Bildern passende Reimwortpaare.

M = S   F = S   Z = K   M = Str   Sch = K   M = R

  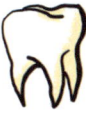  

Heft 2, S. 43 ②
der Mohn – der Sohn
...

3 Lass dir von einem Partnerkind die Sätze diktieren. Schreibe aus jedem Satz nur das Wort mit Dehnungs-**h** auf.

a) Timo mag keine Bohnen.

b) Die Polizei setzt eine Belohnung aus.

c) Ohne Haare hat man eine Glatze.

d) Die Wühlmaus gräbt sich einen Gang.

e) Eine Höhle ist ein Loch im Berg.

f) Fohlen sind junge Pferde.

Heft 2, S. 43 ③
a) die Bohnen
b) ...

M ähnlich   führen
der Draht   die Höhle
fühlen   während

1 Finde Reimwörter und setze die Silbenbögen.

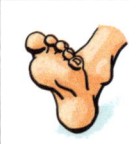
F⋆β
Gr⋆⋆
R⋆⋆

b⋆⋆β⋆⋆
r⋆⋆⋆⋆⋆
schm⋆⋆⋆⋆⋆
h⋆⋆⋆⋆⋆

g⋆⋆β⋆⋆
spr⋆⋆⋆⋆⋆
sch⋆⋆⋆⋆⋆
schl⋆⋆⋆⋆⋆

F⋆⋆β
St⋆⋆
bl⋆⋆
gr⋆⋆

Heft 2, S. 44 ①
der Fuß, der Gruß, …
…

2 Löse das Rätsel.

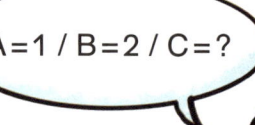
A = 1 / B = 2 / C = ?

Beispiel: **2.5.9.β.5.14** beißen

19.20.18.1.β.5   23.5.9.β   19.16.1.β

6.12.9.5.β.5.14   4.18.1.21.β.5.14

19.20.15.β.5.14   6.12.5.9.β.9.7

Heft 2, S. 44 ②
beißen, …

STOPP

3 Welches ist Tims Lieblingstier?
Schreibe den Text in dein Heft. Setze dabei Wörter
aus **1** und **2** in der passenden Form ein.

Tims bester Freund ▢ Krümel.

Am liebsten ist er ▢ im Garten.

Doch wenn er Tim sieht,

streicht er ihm zum ▢ um die Beine.

Sein ▢ Fell mag Tim gerne. Er hat mit ihm viel ▢.

Leider ist Krümel auch ein Tollpatsch.

Manchmal ▢ er die Bodenvase um

oder ▢ mit seinen Krallen an den Vorhängen.

Doch er ▢ Tim nie!

Heft 2, S. 44 ③
Tims bester Freund ✓ …

M draußen
fließen
gießen
heißen
schließen
süß

6 Über das eigene Lernen nachdenken

Ergänze deine Lernraupe.

… Wörter mit doppelten Selbstlauten schreiben.

… Wörter mit langem i finden und ordnen.

… Wörter mit Dehnungs-h erkennen.

… Wörter mit ß einsetzen.

…

Wenn mir etwas schwerfiel, …

Was hat dir beim Lernen geholfen?

Besonders leicht fiel es mir, …

1

Nomen schreibe ich **groß**. So erkenne ich sie:
1. Ich setze **vor das Wort einen Artikel:** der Onkel, die Mutter, das Kind …
2. Ich bilde die **Mehrzahl:** der Name – die Namen …
3. Ich **merke** mir: **Namen** von Personen, Städten oder Ländern
   sind auch Nomen: der Mädchenname Anna, die Stadt Paris,
   das Land Deutschland.

2 Finde in der Wörterschlange alle Nomen.
Schreibe sie in der Einzahl und in der Mehrzahl auf.

Heft 2, S. 46 ②
die Mutter – die Mütter, …
…

MUTTERONKELTANTEBRUDERSCHWESTERTOCHTERSOHN

3 Finde die 15 Nomen im Text. Schreibe sie in
dein Heft. Notiere hinter jedem Nomen,
woran du es erkannt hast.

Heft 2, S. 46 ③
Freund – der Freund,
Tom – Name, …

GESTERN HATTEN MEIN FREUND
TOM UND ICH EINE LUSTIGE IDEE.
WIR WOLLTEN ZWEI MÄDCHEN AUS UNSERER
KLASSE EINEN SCHRECK EINJAGEN. WIR NAHMEN
UNSERE FAHRRÄDER UND RADELTEN ZUM FLUSS.
DORT VERSTECKTEN WIR UNS UNTER DER BRÜCKE
UND WARTETEN. ALS WIR STIMMEN HÖRTEN,
SPRITZTEN WIR MIT UNSEREN WASSERPISTOLEN.
GLEICHZEITIG ABER WURDEN WIR PITSCHNASS.
LISA UND ANNA HATTEN EINEN EIMER VOLL
WASSER VON OBEN HERUNTERGESCHÜTTET.

die Brücke
der Fluss
die Höhe
die Kreuzung
der Wald
das Ziel

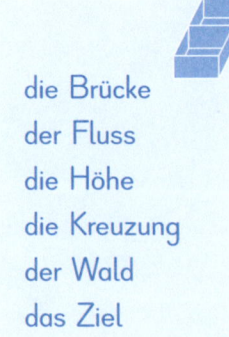

Den Satzanfang großschreiben

1

Satzanfänge schreibe ich **groß:** Die Feuerwehr hat viele Aufgaben.

2 Verfolge die Satzspuren mit dem Finger und schreibe die vier Sätze richtig auf.

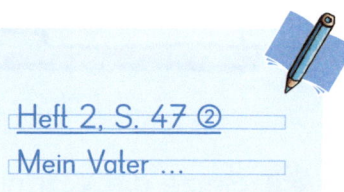
Heft 2, S. 47 ②
Mein Vater ...

mein Vater ist ein Feuerwehrmann
einen er hatte gestern großen Einsatz ein Bauernhof ist niedergebrannt
Menschen alle und konnten Glück zum Tiere gerettet werden

3 Schreibe den Text richtig ab. Schreibe die Nomen und Satzanfänge groß. Markiere sie in verschiedenen Farben.

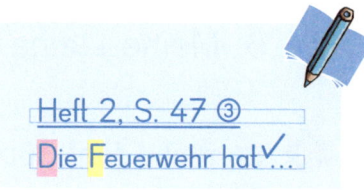
Heft 2, S. 47 ③
Die Feuerwehr hat ✓ ...

die feuerwehr hat viele aufgaben. ihre wichtigste
aufgabe ist es, feuer zu löschen. die feuerwehr
hilft aber auch, wenn ein unfall passiert ist.
dann rettet sie die verletzten. sie beseitigt auch
die schäden nach einem unwetter, sie pumpt keller
leer und räumt umgestürzte bäume aus dem weg.

4

Mein Vater ist ein Feuerwehrmann. Gestern ...

Punkt

das Feuer
gefährlich
das Gewitter
glühen
das Handy
die Hitze

7 Zeitangaben großschreiben

 1 Die Namen der **Wochentage, Monate** und die **Zeiteinheiten** schreibe ich **groß:**
Dienstag, Januar, drei Stunden, zwei Jahre, ein Monat.
Ich erkenne sie an einem **Signalwort, dem Artikel.** Manchmal ist er versteckt:
am Abend (= **an dem** Abend), **im** Mai (= **in dem** Mai).

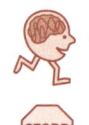 **2** Setze die Wörter richtig ein.
Schreibe erst das Wort mit dem Artikel und
dann den passenden Satz auf.

Heft 2, S. 48 ②
1. der Abend – Am Abend trinke ich ✓ ...
...

1. Am ▮ trinke ich eine warme Milch.

2. Jeden ▮ ziehe ich mich an.

3. Ich habe im ▮ Geburtstag.

4. 1 000 Meter schwimme ich in einer halben ▮.

5. Am ▮ gehe ich zu einem Geburtstag.

6. Meine kleine Schwester ist fünf ▮ alt.

DIENSTAG	MÄRZ
ABEND	STUNDE
JAHRE	MORGEN

3 Schreibe fünf Sätze über dich auf.
Du kannst die Zeitangaben nutzen.

Heft 2, S. 48 ③
Um sieben Uhr stehe ich auf.
...

| jeden Tag | am Wochenende |

| im Mai | in den Sommerferien |

| an Weihnachten | im Frühling | nächstes Jahr |

| am Mittwoch | um sieben Uhr |

 **4**

Ostern ist
im April.

Ostern ist
im April

Ⓜ der Advent
das Jahr
der Karneval
der Mai
der November
die Uhr

7. Anredepronomen richtig verwenden

1 In einem Brief an Freunde oder Verwandte benutze ich diese Anredepronomen: du, dein, dich, euch, ihr …
Diese darf ich **groß- oder kleinschreiben.**
In förmlichen Briefen wird der Briefpartner mit **Sie** angesprochen.
Die Anredepronomen werden der Höflichkeit wegen
großgeschrieben: Sie, Ihnen, Ihr, Ihre …

2 Jan ist umgezogen. Die Klasse 3 b schickt ihm diesen Einladungsbrief zum Sommerfest. Lest den Brief abwechselnd Satz für Satz.
Setzt **du**, **dich** und **dir** passend ein.

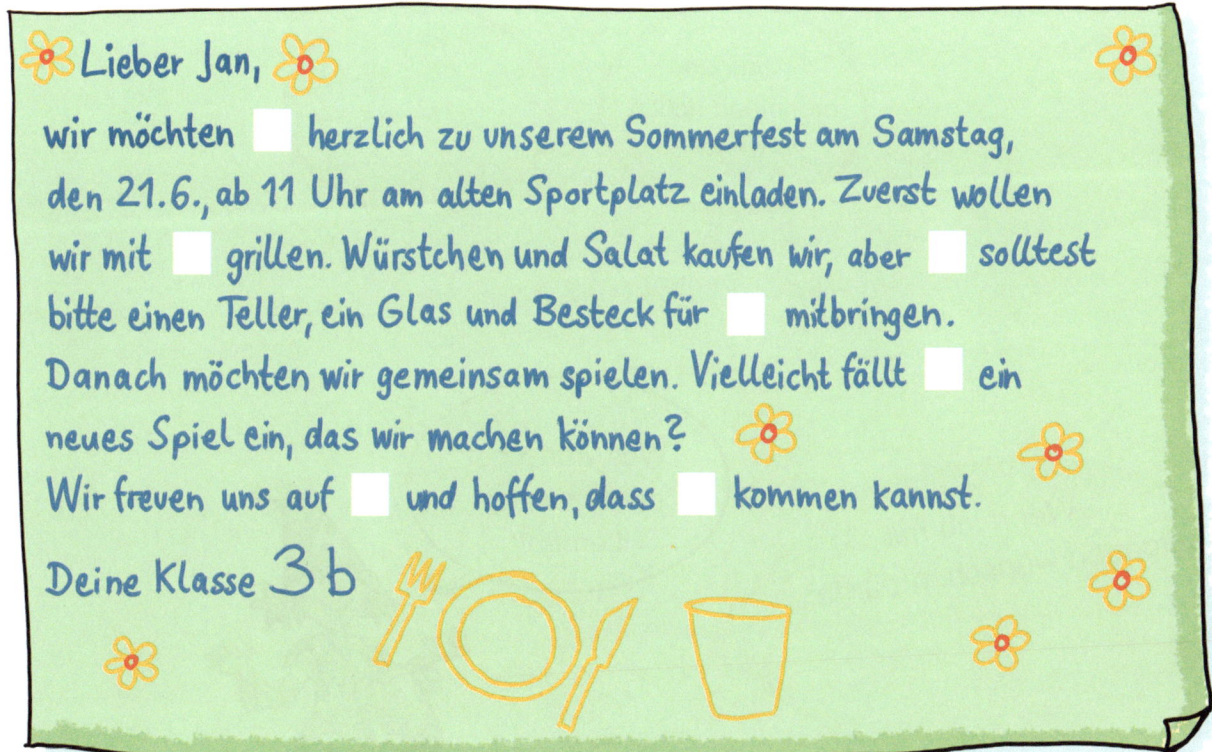

Lieber Jan,

wir möchten ☐ herzlich zu unserem Sommerfest am Samstag, den 21.6., ab 11 Uhr am alten Sportplatz einladen. Zuerst wollen wir mit ☐ grillen. Würstchen und Salat kaufen wir, aber ☐ solltest bitte einen Teller, ein Glas und Besteck für ☐ mitbringen. Danach möchten wir gemeinsam spielen. Vielleicht fällt ☐ ein neues Spiel ein, das wir machen können? Wir freuen uns auf ☐ und hoffen, dass ☐ kommen kannst.

Deine Klasse 3 b

3 Die Klasse möchte auch ihren ehemaligen Lehrer, Herrn Winter, einladen. Schreibe die Einladung um. Benutze dabei die höflichen Anredepronomen und markiere sie.

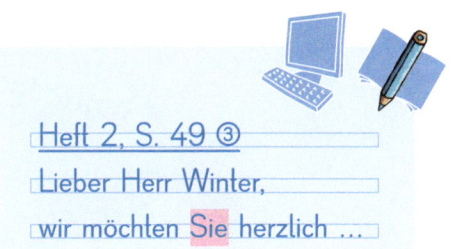

Heft 2, S. 49 ③
Lieber Herr Winter,
wir möchten Sie herzlich …

Ergänze deine Lernraupe.

… Nomen erkennen.

… den Satzanfang großschreiben.

… Zeitangaben großschreiben.

… Anredepronomen richtig verwenden.

…

Wenn ich mir Aufgaben wünschen dürfte: …

Was wünschst du dir für dein Lernen?

Ich hätte gern, dass ich …

1 Lies die Postkarte von Tom und vervollständige dabei die Wörter.

Liebe Mama, lieber Papa.

Gestern haben wir einen Sup★
Ausflu★ in das Spielelan★ gemacht. Leider
musste ich im Bus ~~schräcklich~~ dringen★
auf die ~~Tolette.~~ Bei den Parkpl★tzen
war dann ein Klo. Im Park ga★ es viele
versch★dene ~~Atrakzionen.~~

Bis bald, Tom

An Familie Seidl
An den Wäldern 3
78065 Grän

2 Schreibe die Wörter richtig auf. Nutze die Hilfen.

sup★	–	Sprich deutlich in Silben.
Ausflu★	–	Bilde die Mehrzahl.
dringen★	–	Bilde die 1. Vergleichsstufe.
Parkpl★tze	–	Bilde die Einzahl.
ga★	–	Bilde die Grundform vom Verb.
versch★dene	–	Überprüfe: Kurzer oder langer Selbstlaut?

Heft 2, S. 51 ②
super, der Ausflug ↬
die Ausflüge, …

So kannst du auch bei jedem eigenen Text vorgehen.

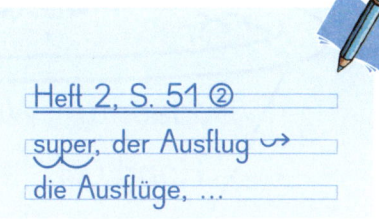

3 Schlage die durchgestrichenen Wörter in
der Postkarte von **1** im Wörterbuch nach.
Schreibe sie richtig auf.

Heft 2, S. 51 ③
…

4 Schreibe eine eigene Postkarte. Überlege bei
schwierigen Wörtern, welche Strategie dir hilft.
Notiere die passenden Zeichen.

Auf einen Blick:

 In Silben gliedern: So vergesse ich keinen Buchstaben: Besen.

⚡ Ein Ableitungswort bilden. So unterscheide ich **e** oder **ä** und **eu** oder **äu**: Zäune ⚡ Zaun   Häschen ⚡ Hase.

↪ Durch Weiterschwingen ein Verlängerungswort finden. So unterscheide ich **b** oder **p**, **d** oder **t** und **g** oder **k** am Wortende: Ber↪ die Berge.

M Wörter mit doppelten Selbstlauten oder mit einem **ß** muss ich mir merken: Schnee, Fuß.

1 Tausche dich mit einem Partnerkind darüber aus, welche Strategie euch bei der markierten Stelle hilft. Ordnet die Wörter den Strategien zu.

Badeente Wannenrand Taucherbrille Handtuch es spritzt Bäuche Zähne säubern waschen Bademantel Waschbecken

Heft 2, S. 52 ① + ②
⌣: die Badeente, …
⚡: die Bäuche, …
↪: …
M: …

2 Ordne auch diese Wörter den Strategien zu. Ergänze den Hefteintrag zu **1**.

Ber∗   W∗sche   es schwimm∗   er w∗scht
H∗nde   w∗rmen   Ba∗   hei∗

3

Tomate

feucht
frieren
schmutzig
schwitzen
die Temperatur
trocken

Rechtschreibstrategien anwenden

 **1** Besprecht, welches Strategiesymbol zu welchem Wort gehört. Setzt dann die fehlenden Buchstaben ein und notiert hinter jedem Wort, welche Strategie euch hilft.

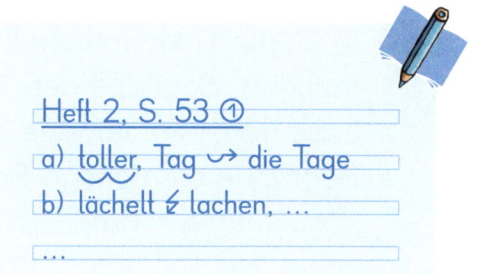

Heft 2, S. 53 ①
a) toller, Tag ↝ die Tage
b) lächelt ⚡ lachen, …
…

a) **Ein toll⁕ Ta⁕ am Meer**   ↝   〜

b) Paul l⁕chelt bis über beide Ohr⁕.   〜   ⚡

c) Er nimmt sich sein Fahrra⁕ und f⁕hrt los.   ↝   ⚡

d) Heute ge⁕t es mit seinem Freun⁕ Tobi ans Wass⁕.   〜   ↝   ↝

e) Hier an der Nor⁕see bl⁕st das ganze Jahr der Win⁕.   ⚡   ↝   ↝

f) Für die Han⁕tücher find⁕ sie ein Pl⁕tzchen in den Dün⁕.   〜   ↝   ⚡   〜

g) Tobi sprin⁕t muti⁕ ins kalte Wa⁕er.   〜   ↝   ↝

h) Paul l⁕ft über den Stran⁕.   ↝   ⚡

i) Er l⁕sst seinen bunt⁕ Drach⁕ steig⁕.   〜   〜   〜   ⚡

 **2**

Träume

Traum

1 In Monis Text sind die Fehler bereits markiert. Schreibe den Text fehlerfrei ab. Lass dabei immer eine Zeile frei. Begründe die richtige Schreibweise, z. B. „Satzanfang = groß", „Nomen = groß", „Verb = klein" oder „Adjektiv = klein". Schreibe die Begründung über das Wort in die leere Zeile.

Heft 2, S. 54 ①
(Adjektiv = klein)
Montag ist für mich der schönste Tag ✓ ...

Montag ist für mich der Schönste Tag der woche. Da habe ich gitarrenunterricht. Ich hätte nicht Gedacht, dass es so viel Spaß macht. letzten Sonntag durfte ich vor publikum auftreten. Es war ganz leicht. ich war überhaupt nicht Aufgeregt. (Moni, 8 Jahre)

2 Davids Text enthält insgesamt acht Fehler. Schreibe den Text fehlerfrei ab.

Heft 2, S. 54 ②
Wenn mir langweilig ist, dann gehe ✓ ...

a) Markiere die verbesserten Stellen.

b) Erkläre einem Partnerkind, welche Strategien dir bei der Verbesserung der Rechtschreibfehler geholfen haben.

Wenn mir Langweilig ist, dann gehe ich auf den Bolzplaz. ||
Hier ist immer ein Freund, der mit mir kikt. mittwochs ||
trainiere ich im Fußbalverein. Am Wochenende haben wir |
ein spiel. Ich spiele im Mittelfelt, aber wenn der Torwart ||
Krank ist, dann stehe ich zwischen den Pfosten. (David, 9 Jahre) |

Ich kann auch im Wörterbuch nachschlagen.

Ergänze deine Lernraupe.

… einen Text verbessern.

… Rechtschreibstrategien anwenden.

… Rechtschreibfehler verbessern.

…

…

Sieh dein rotes Heft noch einmal gründlich durch. Nutze alle Ideen aus den vergangenen Lernportionen.

Wörterliste

A a

der **Abend,** die Abende ↪

aber

ab|küh|len, es kühlte ab M

ähn|lich M

al|lein

an|ders

der **An|fang,** die Anfänge ⚡

an|fan|gen, er fing an

die **Angst,** die Ängste ⚡

ängst|lich ⚡

är|gern, sie ärgerte

der **Arzt,** die Ärzte ⚡

die **Ärz|tin,** die Ärztinnen ⚡

auf|räu|men, er räumte auf ⚡

auf|we|cken, sie weckte auf

au|ßen M

B b

ba|cken, er buk oder er backte

der **Bä|cker,** die Bäcker ⚡

die **Bä|cke|rin,** die Bäckerinnen ⚡

die **Bahn,** die Bahnen M

bald

bau|en, sie baute

die **Bee|re,** die Beeren M

be|gin|nen, es begann

das **Bei|spiel,** die Beispiele

bei|ßen, er biss M

be|loh|nen, sie belohnte M

be|reits

der **Be|ruf,** die Berufe

bes|ser

be|stimmt

das **Bett,** die Betten

be|vor M

bie|gen, er bog

biss|chen

blei|ben, sie blieb

der **Blick,** die Blicke

bli|cken, er blickte

blind ↪

blin|ken, er blinkte

der **Blitz,** die Blitze ↪

blit|zen, es blitzte

der **Block,** die Blöcke

bloß M

boh|ren, sie bohrte M

das **Boot,** die Boote M

bo|xen, er boxte M

der **Brand,** die Brände ↪ ⚡

brav M

bren|nen, es brannte

die **Bril|le,** die Brillen

die **Brü|cke,** die Brücken

die **But|ter**

C c

der **Clown,** die Clowns

D d

dann

die **De|cke,** die Decken

deut|lich

deutsch

Deutsch|land ↪

dick

die|ser

der Don|ner

doof ☐M

der Draht, die Drähte ☐M ⚡

drau|ßen ☐M

der Dreck

dre|ckig

dre|hen, sie drehte

der Druck

drü|cken, es drückte

dumm ↪

die Dumm|heit, die Dummheiten

dünn ↪

durch

der Durst

durs|tig

E e

ent|de|cken, er entdeckte

die Ecke, die Ecken

eckig

ehr|lich ☐M

ei|gent|lich

emp|fin|den, sie empfand

ent|fer|nen, er entfernte

die Ent|fer|nung, die Entfernungen

ent|ge|gen

ent|wi|ckeln, sie entwickelte

die Ent|wick|lung, die Entwicklungen

er|klä|ren, er erklärte ⚡

er|lau|ben, sie erlaubte

die Er|laub|nis

er|le|ben, er erlebte

das Er|leb|nis, die Erlebnisse

er|näh|ren, sie ernährte ☐M

er|schre|cken, er erschreckte

er|zäh|len, sie erzählte ☐M

die Er|zäh|lung, die Erzählungen ☐M

es|sen, er aß ☐M

Eu|ro|pa

ex|plo|die|ren, es explodierte ☐M

ex|tra ☐M

F f

der Feh|ler, die Fehler ☐M

feh|lerfrei ☐M

die Fe|ri|en

fern|se|hen, er sah fern

der Fern|se|her, die Fernseher

fer|tig

fett ↪

das Fett, die Fette ↪

feucht

die Feuch|tig|keit

das Feu|er, die Feuer

das Flug|zeug, die Flugzeuge ↪

der Fluss, die Flüsse ↪

die Flüs|sig|keit, die Flüssigkeiten

die Frei|heit, die Freiheiten

fres|sen, sie fraß

frie|ren, er fror

fröh|lich ☐M

füh|len, sie fühlte ☐M

füh|ren, er führte ☐M

G g

der **Gar|ten,** die Gärten ⚡

das **Ge|bäu|de,** die Gebäude ⚡

die **Ge|burt,** die Geburten

der **Ge|burts|tag,** die Geburtstage ↩

die **Ge|fahr,** die Gefahren M

    gefähr|lich M

das **Ge|fühl,** die Gefühle M

    ge|gen

    ge|heim

das **Ge|heim|nis,** die Geheimnisse

    ge|hen, sie ging

    ge|nug

das **Ge|päck** ⚡

der **Ge|ruch,** die Gerüche

das **Ge|schäft,** die Geschäfte

    ge|sche|hen, es geschah

das **Ge|schenk,** die Geschenke

das **Ge|setz,** die Gesetze ↩

das **Ge|wächs,** die Gewächse M

    ge|win|nen, er gewann

das **Ge|wit|ter,** die Gewitter

    gie|ßen, sie goss M

der **Glanz**

    glän|zen, es glänzte ⚡

das **Glas,** die Gläser ⚡

    glatt ↩

das **Glück**

    glück|lich

    glü|hen, er glühte

der **Gott,** die Götter ↩

    grü|ßen, sie grüßte M

H h

    ha|ben, er hatte

das **Han|dy,** die Handys M

    hän|gen, es hing ⚡

    hart

der **Hau|fen,** die Haufen

    häu|fig ⚡

    hei|ßen, sie hieß M

    hei|zen, er heizte

die **Hei|zung,** die Heizungen

    her|stel|len, sie stellte her

die **Her|stel|lung**

    hier

die **Hit|ze**

    hof|fen, er hoffte

    hof|fent|lich

die **Hö|he,** die Höhen

    hohl M

die **Höh|le,** die Höhlen M

der **Hun|ger**

    hung|rig

I i

die **Idee,** die Ideen M

    im|mer

    imp|fen, sie impfte

die **Imp|fung,** die Impfungen

die **In|for|ma|tion,** die Informationen

    in|for|mie|ren, er informierte

    in|nen

    in|te|res|sant

das **In|te|res|se,** die Interessen

J j

ja|gen, sie jagte
das **Jahr,** die Jahre [M]
je|mand
jetzt
die **Ju|gend**
ju|gend|lich
jung

K k

der **Kaf|fee** [M]
der **Kä|fig,** die Käfige [M]
der **Kamm,** die Kämme [⚡]
käm|men, er kämmte [⚡]
kann, sie konnte
ken|nen, er kannte
das **Ki|lo|gramm** [M]
klar
klä|ren, sie klärte [⚡]
klet|tern, er kletterte
klug [↝]
der **Kom|pass,** die Kompasse [↝]
kön|nen, sie konnte
die **Kraft,** die Kräfte [⚡]
kräf|tig [⚡]
krank
krat|zen, er kratzte
die **Kreu|zung,** die Kreuzungen
krie|chen, sie kroch
der **Krieg,** die Kriege [↝]
kühl [M]
küh|len, er kühlte [M]
die **Kur|ve,** die Kurven [M]

kurz
der **Kuss,** die Küsse [↝]

L l

lä|cheln, er lächelte [⚡]
das **La|chen**
das **Land,** die Länder [↝] [⚡]
lang
lang|sam
der **Lärm** [M]
las|sen, sie ließ
das **Laub**
der **Leh|rer,** die Lehrer [M]
die **Leh|re|rin,** die Lehrerinnen [M]
letz|ter
leuch|ten, es leuchtete
das **Lied,** die Lieder [↝]
lie|gen, sie lag
die **Li|nie,** die Linien [M]
links [M]
der **Löf|fel,** die Löffel
lus|tig

M m

der **Mag|net,** die Magnete
manch|mal
die **Ma|schi|ne,** die Maschinen [M]
das **Maß,** die Maße [M]
das **Me|di|um,** die Medien
das **Meer,** die Meere [M]
mehr [M]
mes|sen, er maß

Wörterliste

das **Mes|ser,** die Messer

die **Mie|te,** die Mieten

die **Mi|nu|te,** die Minuten [M]

der **Mit|tag** [↪]

die **Mit|te**

mi|xen, sie mixte [M]

das **Moos,** die Moose [M]

der **Müll**

mu|tig

die **Müt|ze,** die Mützen

N n

nächs|ter

nah

die **Nä|he**

nä|hen, er nähte

die **Nah|rung** [M]

nass [↪]

die **Näs|se**

die **Na|tur**

na|tür|lich

neh|men, sie nahm [M]

nichts

nie|mals

nie|mand

noch

die **Num|mer,** die Nummern

nun

nur

die **Nuss,** die Nüsse [↪]

nüt|zen, es nützt

nütz|lich

O o

ob

oben

oder

of|fen

oft

oh|ne [M]

der **Ort,** die Orte

P p

das **Paar,** die Paare [M]

paar [M]

das **Päck|chen,** die Päckchen [⚡]

pa|cken, er packte

das **Pa|ket,** die Pakete

der **Pass,** die Pässe [↪] [⚡]

pas|sen, es passte

die **Pfan|ne,** die Pfannen

das **Pferd,** die Pferde [↪]

der **Pilz,** die Pilze

plötz|lich

pri|ma [M]

das **Pro|gramm,** die Programme [↪]

put|zen, sie putzte

Qu qu

das **Qua|drat,** die Quadrate [M]

die **Qual,** die Qualen [M]

quä|len, er quälte [M]

der **Qualm** [M]

das **Quar|tett,** die Quartette [M]

der **Quatsch** [M]

die **Quel|le,** die Quellen ☐M

quer ☐M

R r

das **Ra|dio,** die Radios

ra|ten, sie riet

das **Rät|sel,** die Rätsel ⚡

der **Raum,** die Räume ⚡

rechts

das **Reh,** die Rehe

die **Rei|he,** die Reihen

rei|sen, er reiste

rei|ßen, sie riss ☐M

ren|nen, er rannte

rich|tig

rie|chen, es roch

der **Rie|se,** die Riesen

die **Ru|he**

ru|hig

rund ↪

rüh|ren, er rührte ☐M

S s

sam|meln, sie sammelte

die **Samm|lung,** die Sammlungen

schaf|fen, er schuf

der **Schall**

schal|ten, sie schaltete

der **Schal|ter,** die Schalter

scharf

die **Schär|fe,** die Schärfen ⚡

der **Schat|ten,** die Schatten

schie|ben, sie schob

schief

schimp|fen, er schimpfte

schlie|ßen, sie schloss ☐M

der **Schlüs|sel,** die Schlüssel

schme|cken, es schmeckte

der **Schmutz**

schmut|zig

schnei|den, er schnitt

schon

der **Schreck**

schreck|lich

schüt|teln, sie schüttelte

der **Schutz**

schüt|zen, er schützte

schwei|gen, sie schwieg

schwie|rig

die **Schwie|rig|keit,** die Schwierigkeiten

schwim|men, er schwamm

schwit|zen, sie schwitzte

der **See,** die Seen ☐M

selbst

set|zen, er setzte

die **Skiz|ze,** die Skizzen

skiz|zie|ren, er skizzierte

spa|ren, sie sparte

der **Spaß,** die Späße ☐M

spät ☐M

der **Spa|zier|gang,**
die Spaziergänge ⚡

der **Spie|gel,** die Spiegel

spitz ↪

die **Spit|ze,** die Spitzen

die **Stadt,** die Städte

der **Stamm,** die Stämme ↪ ⚡

stark

stär|ken, er stärkte

das **Steu|er,** die Steuer

steu|ern, sie steuerte

der **Stiel,** die Stiele

stim|men, es stimmte

der **Stoff,** die Stoffe ↪

der **Strand,** die Strände ↪ ⚡

die **Stra|ße,** die Straßen M

der **Strauß,** die Sträuße M

der **Streit**

strei|ten, sie stritt

der **Strom,** die Ströme

strö|men, es strömte

das **Stück,** die Stücke

der **Stuhl,** die Stühle M

der **Sturm,** die Stürme

stür|misch

süß M

die **Sü|ßig|keit,** die Süßigkeiten M

T t

der **Tag,** die Tage ↪

die **Tan|ne,** die Tannen

tan|zen, sie tanzte

die **Tas|se,** die Tassen

tau|send

das **Ta|xi,** die Taxis M

die **Tech|nik,** die Techniken

der **Tel|ler,** die Teller

die **Tem|pe|ra|tur,** die Temperaturen

der **Text,** die Texte M

das **The|a|ter,** die Theater

das **Ther|mo|me|ter,** die Thermometer M

tief

die **Tie|fe,** die Tiefen

der **Ti|ger,** die Tiger M

trai|nie|ren, er trainierte M

die **Trä|ne,** die Tränen M

der **Traum,** die Träume ⚡

träu|men, sie träumte ⚡

trau|rig

tref|fen, er traf

treu

tro|cken

trotz|dem

U u

die **Uhr,** die Uhren M

über

über|all

über|que|ren, er überquerte M

um|keh|ren, sie kehrte um M

um|rüh|ren, er rührte um M

un|ge|fähr M

un|ter

der **Un|ter|richt**

der **Ur|laub,** die Urlaube ↪

V v

die **Va|se,** die Vasen M

ver|bie|ten, sie verbot M

ver|brau|chen, er verbrauchte M

ver|bren|nen, es verbrannte M

die **Ver|bren|nung,**
die Verbrennungen [M]

der **Ver|ein,** die Vereine [M]

ver|ei|nen, er vereinte [M]

ver|ges|sen, sie vergaß [M]

ver|let|zen, er verletzte [M]

die **Ver|let|zung,** die Verletzungen [M]

ver|lie|ren, sie verlor [M]

ver|pa|cken, er verpackte [M]

die **Ver|pa|ckung,**
die Verpackungen [M]

ver|ste|hen, sie verstand [M]

ver|ste|cken, er versteckte [M]

ver|wech|seln,
sie verwechselte [M]

viel|leicht [M]

voll [M]

voll|stän|dig [M]

vor|bei [M]

die **Vor|fahrt** [M]

die **Vor|sicht** [M]

vor|sich|tig [M]

W w

wach|sen, es wuchs [M]

die **Wahl,** die Wahlen [M]

wäh|len, er wählte [M]

wäh|rend [M]

der **Wald,** die Wälder [↪] [⚡]

die **Wand,** die Wände [↪] [⚡]

das **Was|ser**

wech|seln, sie wechselte [M]

we|cken, er weckte

der **We|cker,** die Wecker

Weih|nach|ten

wel|che

die **Welt,** die Welten

wenn

wich|tig

wie

wie|der

wie|gen, sie wog

wild [↪]

der **Wind,** die Winde [↪]

win|ken, er winkte

wis|sen, sie wusste

woh|nen, er wohnte [M]

Z z

die **Zahl,** die Zahlen [M]

zäh|len, er zählte [M]

der **Zeh,** die Zehen

zeich|nen, sie zeichnete

die **Zeit,** die Zeiten

die **Zei|tung,** die Zeitungen

das **Zeug|nis,** die Zeugnisse [↪]

zie|hen, er zog

das **Ziel,** die Ziele

zie|len, sie zielte

zu|frie|den

die **Zu|kunft**

zu|künf|tig

zu|letzt

zu|rück

Themenheft 2
Richtig schreiben

Herausgegeben von:	Roland Bauer, Jutta Maurach
Erarbeitet von:	Wiebke Gerstenmaier, Sonja Grimm
Fachliche Beratung exekutive Funktionen:	Dr. Sabine Kubesch, INSTITUT BILDUNG plus, im Auftrag des ZNL TransferZentrum für Neurowissenschaften und Lernen, Ulm
Begutachtung:	Katrin und Peter Bertram (Mühlenbeck), Angelika Fischer (Weiterstadt), Claudia Hoeschen (Kappeln), Ines Kewitz (Rastatt), Sybille Maier-Alvarez del Cid (Achern), Julia Schäfer (Gießen)
Redaktion:	Sabine Gerber, Mirjam Löwen
Illustration:	Yo Rühmer, Frankfurt am Main
Umschlaggestaltung:	Cornelia Gründer, agentur corngreen, Leipzig
Layout und technische Umsetzung:	lernsatz.de

fex steht für *Förderung exekutiver Funktionen*. Hierbei werden neueste Erkenntnisse der kognitiven Neurowissenschaft zum spielerischen Training exekutiver Funktionen für die Praxis nutzbar gemacht. **fex** wurde vom **ZNL TransferZentrum für Neurowissenschaften und Lernen** *(www.znl-ulm.de)* an der Universität Ulm gemeinsam mit der **Wehrfritz GmbH** *(www.wehrfritz.com)* ins Leben gerufen. Die Cornelsen Schulverlage haben in Kooperation mit dem ZNL ein Konzept für die Förderung exekutiver Funktionen im Unterrichtswerk *Einsterns Schwester* entwickelt.

www.cornelsen.de

1. Auflage, 2. Druck 2016

Alle Drucke dieser Auflage sind inhaltlich unverändert
und können im Unterricht nebeneinander verwendet werden.

© 2016 Cornelsen Schulverlage GmbH, Berlin

Druck: Firmengruppe APPL, aprinta Druck, Wemding

ISBN 978-3-06-083569-0

Dieses Heft ist Bestandteil des Pakets „Einsterns Schwester 3" (ISBN 978-3-06-083567-6)
und kann auch einzeln bestellt werden.

PEFC zertifiziert
Dieses Produkt stammt aus nachhaltig
bewirtschafteten Wäldern und kontrollierten
Quellen.
www.pefc.de

PEFC/04-32-0928